Marie Bludau/Karsten Paul

Politik handlungsorientiert: Deutschland

Arbeitsblätter und Lernzielkontrollen

7.–10. Klasse

PERSEN

Die Autoren

Marie Bludau – ist Lehrerin und promoviert im Bereich Politische Bildung.

Karsten Paul – ist Förderschullehrer und Mitglied der Kommission „Kerncurriculum Geschichte Hauptschule".

Gedruckt auf umweltbewusst gefertigtem, chlorfrei gebleichtem und alterungsbeständigem Papier.

2. Auflage 2017

Illustrationen: Mele Brink
Satz: Satzpunkt Ursula Ewert GmbH, Bayreuth

ISBN: 978-3-403-23168-4

www.persen.de

Inhaltsverzeichnis

5. Die Bundesrepublik Deutschland – ein demokratischer Staat

6. Die Bundesrepublik Deutschland – ein sozialer Staat

Anhang

Einführung

Schulbücher sind lediglich ein Mittel, um Politik zu lehren. Politik muss vielmehr erlebt bzw. gelebt werden. In einer Demokratie wird Politik nicht nur von den gewählten Volksvertretern gemacht, sondern auch durch eine aktive Teilnahme der Bürgerinnen und Bürger in diesem demokratischen Staat mitgestaltet. Deshalb sind neben der Wissensvermittlung auch Angebote von großer Bedeutung, die zur Auseinandersetzung mit politischen Themen anregen.

Der vorliegende Band ist der erste Teil der Reihe „Politik handlungsorientiert". In sechs Kapiteln werden die klassischen Inhalte mit Bezügen zu Demokratie, Föderalismus und Sozialstaat thematisiert. Ziel ist es, die Schüler[1] an derartige politische Themenbereiche heranzuführen, um ihnen sowohl politisches Grundwissen zu vermitteln als auch Fähigkeiten und Fertigkeiten anzubahnen, auf denen sie aufbauen können. Die Beispiele der Kopiervorlagen sollen aber auch zu einem lebensweltbezogenen Unterricht beitragen.

Politik in Staat und Gesellschaft ist in unterschiedlicher Ausprägung fester Bestandteil der Curricula der Bundesländer. Zudem beinhaltet der Bildungsauftrag der Schule, Kinder und Jugendliche darin zu unterstützen, dass sie zu mündigen Bürgern erzogen werden und in diesem Sinne heranwachsen. Wer politische und gesellschaftliche Zusammenhänge erkennt und versteht, kann zu eigener Urteilsbildung gelangen und in Staat und Gesellschaft erfolgreich mitwirken. Die Schüler sollen lernen, sich im politischen Geschehen einzubringen, zu diskutieren, sich kritisch auseinanderzusetzen und Kompromisse einzugehen.

Politik soll ins Bewusstsein der Schüler gerückt werden und auf diese Weise durch die Auseinandersetzung mit den unterschiedlichen Aufgaben und Angeboten ihre persönlichen Einstellungen und Verhaltensweisen positiv beeinflussen. Wichtig ist für die Schüler, dass sie Demokratie im Alltag erleben. Deshalb werden neben Vorlagen zur Wissensvermittlung auch Vorlagen mit Situationen für Prozesse angeboten, mit deren Hilfe die Schüler möglichst handlungsorientiert und spielerisch demokratische Vorgänge erleben, verinnerlichen und umsetzen können. Somit steht die Anbahnung von Problembewusstsein und Verantwortung im Vordergrund.

Um dieses Ziel zu erreichen, müssen sie sowohl zu einem reflektierten politischen Handeln angeleitet als auch zu einem eigenverantwortlichen Lernen befähigt werden. Es gilt der Grundsatz: von der Selbsttätigkeit zur Selbstständigkeit.

Durch die vorliegenden Kopiervorlagen sollen und können die Schüler erkennen, dass sie als Akteure in Beziehung zu verschiedenen Ebenen wie Familie, Schule, Gemeinde, Land und Staat stehen.

Im Blickpunkt stehen Möglichkeiten zur Mitwirkung und Mitverantwortung im gesellschaftlichen und staatlichen Leben. Zudem erhalten die Schüler einen Überblick über politische Institutionen, Ämter, Aufgaben und Personen, die dafür verantwortlich sind. Formen der Mitwirkung, Mitbestimmung und Mitverantwortung ziehen sich teilweise wie ein roter Faden durch die verschiedenen Kapitel: angefangen bei Möglichkeiten der Mitarbeit in Familie und Schule über das Leben in der Gemeinde, zu Wahlen und Parteien, Interessenvertretungen bis hin zu Bürgerinitiativen und Ehrenämtern. Es werden Kompetenzen aufgebaut, die die Schüler zu mehr Selbstständigkeit, Teamfähigkeit, Kooperations- und Kommunikationsbereitschaft führen sollen.

Neben der notwendigen Wissensvermittlung und einem daraus resultierenden Wissenserwerb werden Angebote und Aufgaben zur Handlungsorientierung und Handlungsfähigkeit gemacht. Sie behandeln den Aspekt der Informationsbeschaffung und -verarbeitung. Dadurch werden die Schüler befähigt, etwas kritisch zu hinterfragen, sich selbst eine Meinung zu bilden, eine Entscheidung zu treffen und letztendlich zu einem verantwortungsbewussten Handeln zu kommen.

Weiterhin bieten die unterschiedlichen Themenbereiche den Schülern die Möglichkeit, sich selbst zu organisieren, eigenständig zu planen, Ergebnisse und Aussagen zu beurteilen. Sie lernen die Verwendung der Fachsprache und können sich sach- und fachgerecht austauschen. Partner- und Gruppenarbeit oder Diskussionsrunden regen zur eigenen Meinungsbildung an, Lösungsstrategien zu entwickeln und unterschiedliche Ansichten zu respektieren. Sie erfahren, dass Probleme durch Argumente gelöst werden können und dass es notwendig sein kann, Kompromisse einzugehen. Letztendlich erkennen sie, dass sie Handlungsmöglichkeiten zur politischen Teilhabe wahrnehmen können.

Es werden auch Angebote und Aufgaben wie Markieren, Gliedern, Ordnen, Nachschlagen, Recher-

[1] Der besseren Lesbarkeit halber benutzen wir hier die verallgemeinernde Form. Ausdrücklich sind auch alle weiblichen Personen gemeint.

chieren, Befragen, Vortragen, Visualisieren oder Protokollieren integriert sein.

Die beigefügte CD enthält Ergänzungsmaterial, die Ergebnissicherung (vom Ende der Kapitel) als editierbare Lernzielkontrolle zur Überprüfung des Leistungsstandes und die Lösungen.

Didaktisch-methodische Hinweise

Kapitel 1 dient als Einführung in das Thema Politik. Ein Ziel dieses kurzen Kapitels ist es, Informationen zum Themenfeld Politik zu geben. Allgemeine Hinweise verschaffen einen Überblick, welche Handlungsmöglichkeiten Schüler zur politischen Teilhabe in unserer Gesellschaft wahrnehmen können. Konkrete Beispiele lassen sich jeweils in den einzelnen Kapiteln finden.

Ein weiteres Ziel liegt darin aufzuzeigen, wo überall die Schüler Informationen im täglichen Leben über politische Ereignisse und Zusammenhänge erhalten können. Diese angebotene Aufstellung könnte durch weitere Beispiele ergänzt werden. Hilfreich ist auch eine Unterscheidung nach lokalen bzw. regionalen Informationen und überregionalen bzw. nach Informationen zum Weltgeschehen.

Als Anregung zur Weiterarbeit könnte auch die Betrachtung des Aufbaus einer Tageszeitung dienen oder das gemeinsame Anschauen einer Nachrichtensendung im Fernsehen zu politischen Ereignissen mit anschließender Auswertung.

In **Kapitel 2** geht es um die Gemeinschaft von Menschen und ein geregeltes Zusammenleben. Ansätze demokratischen Handelns werden aufgezeigt. Dabei stehen Formen der Mitbestimmung und Mitverantwortung sowohl im Familienleben als auch im schulischen Leben. Es beginnt beim Aufstellen und Einhalten einfacher Regeln und Gesetze, die für ein demokratisches Zusammenleben wichtig sind, z. B. eine Schulordnung. Die angebotene Schulordnung vermittelt gleichzeitig Einblicke in die Vergangenheit und regt zu einem Vergleich mit ihrer gegenwärtigen Schulordnung an. Zusätzlich wird die Möglichkeit geboten, eine eigene Schulordnung zu entwerfen, darüber zu diskutieren und sie gegebenenfalls als Verbesserungsvorschlag dem Gremium der Schülervertretung einzureichen.

Weitere Bereiche politischen Handelns bezüglich Mitbestimmung und Mitverantwortung werden durch Ausübung von Ämtern (siehe z. B. Klassensprecher/Schulsprecher) und durch Wahlen (z. B. Klassensprecherwahl) angesprochen. Sie erfahren in diesem Kapitel, dass die Übernahme von Ämtern jeglicher Art auch Verantwortung bedeutet und gleichzeitig lernen sie die Aufgaben von Amtsinhabern kennen. Daneben gewinnen sie erste Einsichten in Wahlvorgänge mit den entsprechenden Handlungsabläufen und Entscheidungsprozessen. Diese werden in Kapitel 5 aufgegriffen und vertieft.

Auch die Rechte von Kindern werden angesprochen. Dieser Bereich kann durch Inhalte zur Einhaltung und Überwachung erweitert werden. Zu Kinderrechten siehe:

- http://www.unicef.de/aktionen/kinderrechte20/kurzinfo-was-ist-die-un-kinderrechtskonvention/
- http://de.wikipedia.org/wiki/kinderrechtskonvention

Kapitel 3 beinhaltet das politische Geschehen auf kommunaler Ebene. In diesem Kapitel geht es darum, die Schüler sowohl mit der eigenen Gemeinde oder dem Gemeinde- bzw. Stadtbezirk als auch mit Aufgaben und Grundfragen der Kommunalpolitik vertraut zu machen.

Das Kapitel beginnt mit Anregungen zum Kennenlernen der Gemeinde wie z. B. Gemeindesteckbrief, Infrastruktur und Angebote der Gemeinde. Das Erstellen eines Werbeprospektes für die eigene Gemeinde kann als Handlungsprodukt in den Vordergrund gerückt werden.

Im Bereich der Kommunalpolitik ist es wichtig, die Funktionsweise der Demokratie an lokalen Beispielen zu erarbeiten. Dabei werden die Schüler Einblicke in die vielfältigen Ämter einer Gemeinde mit ihren unterschiedlichen Aufgaben erhalten (z. B. Gemeindeverwaltung, Gemeinderat, Bürgermeister). Sie lernen zwischen den verschiedenen Aufgabenbereichen zu unterscheiden. Zusätzlich wird ihnen verdeutlicht, welche Aufgaben der Gemeindeverwaltung in das Leben einer Familie hineinreichen.

Die Beantragung und Ausstellung eines Personalausweises oder Reisepasses dient dazu, sich mit den Angaben auf diesen Dokumenten vertraut zu machen und zu erfahren, was bei der Beantragung beachtet werden muss.

An einem konkreten Beispiel werden den Schülern Einflussmöglichkeiten einer politischen Teilhabe aufgezeigt. Durch dieses Beispiel erhalten sie erste Einblicke in Prozesse politischer Willensbildung auf lokaler Ebene. Sie erfahren weiterhin, dass sie ihre eigenen Interessen und Wünsche artikulieren müssen, um erfolgreich zu sein.

Zu einer weiterführenden Auseinandersetzung mit diesem Thema bieten sich u. a. folgende Möglichkeiten an:

- der Besuch einer Gemeinderatssitzung,
- Einladung eines Ratsmitgliedes in den Unterricht zu einem Interview.

Bei der Unterrichtsarbeit ist zu berücksichtigen, dass sich Gemeinden stark voneinander unterscheiden. Dies hängt mit der Größe der jeweiligen Gemeinde zusammen. Dadurch gibt es Unterschiede in den

Aufgabenfeldern und in der Zusammensetzung der Kommunalverwaltung.

Bei allen kommunalpolitischen Merkmalen handelt es sich in der Regel um fiktive Beispiele oder Ergebnisse aus der Heimatgemeinde des Autors. Deshalb sollten alle Vorlagen auf die jeweils zutreffenden lokalen Gegebenheiten übertragen bzw. überprüft werden. Dies gilt besonders für den Bereich der kommunalen Selbstverwaltung. So gibt es für die direkt gewählte Bürgervertretung ganz unterschiedliche Bezeichnungen. Auch sollte auf die Stellung des Bürgermeisters hingewiesen werden, die in einigen Bundesländern durch die kommunale Gemeindeordnung unterschiedlich stark ausgeprägt ist. Das wiederum kann Auswirkungen auf die gesamte Kommunalpolitik haben. Es ist daher wichtig, einen Blick in die kommunalen Verfassungsgesetze zu werfen oder sich entsprechende Informationen direkt vor Ort zu besorgen.

Kapitel 4 setzt sich mit dem Thema Föderalismus auseinander. Nach den Grundsätzen des Prinzips „vom Nahen zum Fernen" findet in diesem Kapitel der Wechsel zum Politikunterricht auf nationaler Ebene statt. Das Thema zentriert sich auf die Bundesrepublik Deutschland als föderalistischen Staat. Es werden die Grundlagen der parlamentarischen Demokratie auf Bundes- und Landesebene aufgezeigt.

Die Schüler erhalten fundiertes Wissen über das Prinzip des föderalistischen Staates mit seinem Aufbau, seinen Aufgaben (z. B. Verteilung der Willensbildung auf mehrere Ebenen, Begrenzung und Kontrolle der Machtbefugnisse), den Kompetenzen und der Zusammensetzung der Verfassungsorgane. Mit diesen Kenntnissen können sie die politischen Vorgänge richtig einordnen. Sie erhalten neben der Gliederung des Bundesstaates in die Bundesländer auch ausführliche Informationen über die einzelnen Verfassungsorgane, deren Zusammensetzung, Organisation, Einflussmöglichkeiten und ihr Zusammenwirken. Dadurch können die Schüler die besondere Verkörperung des Bundesrates als föderatives Element im Staatsaufbau durch die Mitwirkung an der Bundespolitik erkennen. Besonders eindrucksvoll lassen sich u. a. Einflussmöglichkeiten und Zusammenwirken an der Thematik „Weg eines Gesetzes" erkennen.

Die Zugänglichkeit zu den verschiedenen Themenbereichen erfolgt über unterschiedliche methodische Vorgehensweisen wie z. B. Liedtext der Hymne, Darstellungen zum Staatsaufbau, Erstellung von Steckbriefen, Gestaltung einer Ausstellung.

Zur Weiterführung und Vertiefung des Themenkomplexes kann die Nutzung von Medien wie Tageszeitungen, Fernsehen oder Internet zur Beschaffung weiterer Informationen besonders über politische Entscheidungsprozesse herangezogen werden. Speziell der aktuelle Stand der Mehrheitsverhältnisse im Bundesrat kann über das Internet abgerufen werden:

- http://www.bundesrat.de/cln_330/nn_6898/DE/struktur/stimmenverteilung/stimmenverteilung-node.html?__nnn=true
- http://upload.wikimedia.org/wikipedia/commons/2/2b/Politisches_System_des_Bundes_und_der_L%C3%A4nder_in_Deutschland.svg

Kapitel 5

Neben dem Prinzip des Föderalismus zählt das Demokratieprinzip zu den Strukturmerkmalen unserer Verfassung. Deshalb steht in diesem Kapitel der Rechtsstaat im Mittelpunkt der Betrachtung. Dabei spielt das Grundgesetz mit seinen Grundrechten eine mitentscheidende Rolle (siehe dazu Art. 20, Abs. 3). Somit erfolgt der Einstieg in diesen Themenkomplex über das Grundgesetz als Prinzip der freiheitlich-demokratischen Grundordnung. Die Schüler arbeiten besonders intensiv mit dem Grundgesetz und setzen sich dabei u. a. mit Fallbeispielen aus dem Alltag anhand ausgewählter Grundrechte auseinander und bewerten diese.

Neben der Wahrung der Grundrechte werden sie die Gewaltenteilung als Wesensmerkmal der Demokratie erkennen. Sie lernen die Bedeutung und die Funktionsweise kennen. Dazu werden sie schließlich in der Lage sein, den Prozess der nationalen Gesetzgebung zu beschreiben.

Die Schüler befassen sich in diesem Kapitel auch mit den demokratischen Möglichkeiten der Einflussnahme und erfahren anhand konkreter Beispiele die Möglichkeiten zum eigenen politischen Handeln. Dazu zählen Themenbereiche wie das Wahlsystem, bei dem sie erkennen, dass auch ihre Interessen berührt werden. Weiterführend könnte neben der Bearbeitung von Vorlagen auch die Simulation eines Wahlvorgangs durchgeführt werden. Weiterhin zählen politische Parteien zu diesemn Themenbereich. Hier erfahren die Schüler neben den Aufgaben auch, welche Parteien die politische Verantwortung in der Bundesrepublik Deutschland tragen. Weiterhin setzen sie sich mit Interessenverbänden und ihren Aufgaben auseinander.

Der Bereich der Bürgerbeteiligung findet besondere Beachtung. In allen Bereichen finden sie Mittel der Mitbestimmung in einem demokratischen Staat. Handlungsmöglichkeiten bieten sich durch das Analysieren, Bewerten und Vergleichen von Parteiprogrammen an.

Ihre gestalterischen Fähigkeiten zum Entwickeln eigener Konzepte können die Schüler beim Entwerfen von Plakaten ausprobieren. Sie lernen gleichzeitig, sich mit gezielten Botschaften an eine bestimmte Zielgruppe zu wenden.

Anhand von Rechercheaufgaben suchen sie selbstständig nach Beispielen von Bürgerinitiativen und untersuchen deren Motive und Ziele. Durch Vergleiche finden sie heraus, dass sich Bürgerinitiativen nicht nur gegen, sondern auch für eine Sache einsetzen.

Das Thema Jugend im Rechtsstaat findet Berücksichtigung mit Inhalten wie Geschäftsfähigkeit, Delikt- und Strafmündigkeit oder Jugendarbeitsschutz. Auszüge aus entsprechenden Gesetzestexten oder anderen Materialien sind zum besseren Verständnis einzusetzen.

Sie werden an verschiedenen Beispielen herausarbeiten können, dass sie als Jugendliche besonderen Schutz genießen. Aktuelles Tagesgeschehen zu sämtlichen Themen sollte stets berücksichtigt werden.

Zur Weiterführung oder Vertiefung kann z. B. auf die Verteilung der Staatsmacht bei der Gewaltenteilung auf die horizontale Ebene (Legislative, Exekutive, Judikative) und auf die vertikale Ebene (Bund, Länder, Kommunen) eingegangen und mittels Schaubild verdeutlicht werden.

- www.wikipedia.org/wiki/Politisches_System_Deutschlands [Link funktioniert nicht]

Informationen zur Mandatsvergabe bei dem Thema Wahlen nach dem neuen Wahlrecht finden sich im Internet

- http://www.bundestagswahl-bw.de/wahlsystem1.html

Das politische System der Bundesrepublik als Schaubild (eine Zusammenfassung aus Kapitel 4 und 5):

- http://upload.wikimedia.org/wikipedia/commons/2/2b/Politisches_System_des_Bundes_und_der_L%C3%A4nder_in_Deutschland.svg

Kapitel 6

Im Focus des Kapitels steht das Sozialstaatsprinzip der Bundesrepublik Deutschland. Die Sozialstaatlichkeit wird als Ziel im Grundgesetz festgelegt. Der Staat hat die Aufgabe für soziale Gerechtigkeit und sozialen Ausgleich in der Gesellschaft zu sorgen. Wie das geschieht, wird in der Ausgestaltung des Kapitels verdeutlicht. Der Aufbau orientiert sich am Grad der Differenziertheit. Es beginnt mit staatlichen Maßnahmen der Fürsorge und reicht bis hin zur privaten Vorsorge. Die Schüler werden durch die Behandlung der einzelnen Themenbereiche erkennen, dass dieses System allen Bürgern dient und als Auffangnetz für alle in Not geratenen Menschen zu betrachten ist.

Die Schüler erlangen Kenntnisse darüber, wie das System der sozialen Sicherung aufgebaut ist und beschäftigen sich mit charakteristischen Merkmalen des Sozialstaates und deren Bedeutung für die Bürger. Sie erkennen, dass sie das System des Sozialstaates in vielen Bereichen schon nutzen, indem sie bestimmte Leistungen selbst in Anspruch nehmen oder über ihre Eltern davon profitieren.

Ein wesentlicher Baustein in diesem Kapitel ist der Umgang mit dem Grundgesetz, um so verfassungsrechtliche Grundlagen des Sozialstaates herauszufinden. Sie setzen sich mit der Frage auseinander, welche Grundrechte Bezüge zum Sozialstaat aufweisen. Artikel 20 macht deutlich, dass der Staat für eine Sozialordnung zu sorgen hat, zeigt aber nicht auf, wie dieses Ziel erreicht werden kann.

Ein weiterer Baustein ist das soziale Versicherungssystem der Bundesrepublik. Ziel ist es hier, den Schülern zu verdeutlichen, dass der Staat nicht alle Aufgaben einer sozialen Absicherung übernehmen kann, sondern dass jeder Bürger einen Eigenanteil leisten muss. Sie werden unterscheiden können zwischen den gesetzlichen Sozialversicherungen als Kernstück der sozialen Absicherung, staatlichen Maßnahmen als Fürsorge für die Bürger und der privaten Vorsorge.

An ausgewählten lebensnahen Fallbeispielen erfahren und erarbeiten die Schüler, wie der Sozialstaat in bestimmten Situationen reagiert, welche entsprechenden Sozialversicherungen zuständig sind und wie der einzelne Bürger sich selbst absichern kann. Sie können darüber diskutieren, welche zusätzlichen Versicherungen neben den Pflichtversicherungen überhaupt notwendig sind.

Denkbar wäre es, über die Vorlage „Vorwissen“ in die gesamte Thematik einzusteigen (siehe dazu Ergänzungsmaterial auf CD). Hier können die Schüler ihre Vorstellungen von einem Sozialstaat offenbaren. Darauf kann sich der Unterricht stützen bzw. er kann darauf aufgebaut werden.

Weiterführende Anregung könnte eine Rechercheaufgabe im Internet sein, indem die Schüler Hintergrundinformationen zu den Pflichtversicherungen einholen.

Eine andere Rechercheaufgabe könnte sein, die Schüler eine Woche / einen Monat in Tageszeitungen zum Thema „Sozialstaat“ Artikel heraussuchen, sie nach Ordnungskriterien sammeln und auswerten zu lassen.

Ein Vorschlag zur Ergänzung der Ergebnissicherung wäre das Erstellen einer Wandzeitung zum Thema „Sozialstaat Bundesrepublik Deutschland“.

Was ist Politik?

Name: ______________________

Datum: ______________________

Ein Reporter benötigt für eine Einführungsveranstaltung über Politik einige Informationen. Daher befragt er einen Politiker:

Reporter: Was ist Politik?

Politiker: Allgemein geht es um die Gemeinschaft von Menschen. Politik regelt das Zusammenleben von Menschen. Fast alles hat mit Politik zu tun. Da gibt es die Jugendpolitik, Schulpolitik, Familienpolitik, Finanzpolitik, Gesundheitspolitik, Rentenpolitik, Außenpolitik und vieles mehr.

Reporter: Viele Menschen sagen: „Politik, nein danke!" Warum ist Politik aber so wichtig?

Politiker: In der Politik werden Dinge beschlossen, die uns alle angehen. Wir können zum Beispiel mitbestimmen und mitentscheiden, welche Regeln oder Gesetze in unserem Leben wichtig sind.

Reporter: Nennen Sie ein Beispiel für aktive Teilnahme an der Politik.

Politiker: Zur Wahl gehen oder an Demonstrationen teilnehmen sind zwei Beispiele.

Reporter: Wie können sich schon Jugendliche an der Politik beteiligen?

Politiker: Das kann in der Schule bei der Mitgestaltung des Schullebens sein oder bei der Übernahme von Ämtern wie Klassen- oder Schulsprecher.

Lies das Interview noch einmal durch. Kreuze dann folgende Aussagen an:

	Richtig	Falsch
Politik ist nur für Politiker wichtig.	☐	☐
Politik regelt das Zusammenleben von Menschen.	☐	☐
In der Politik werden Dinge beschlossen, die alle Menschen angehen.	☐	☐
Politik gilt nur für Erwachsene.	☐	☐
Alle Menschen können mitbestimmen.	☐	☐
Nur wer ein politisches Amt hat, kann auch mitentscheiden.	☐	☐
In der Schule können sich die Schülerinnen/Schüler politisch betätigen.	☐	☐

Viele Gründe für Politik

Name: ______________________________

Datum: ______________________________

Ich möchte mehr über Politik wissen.

Aber wo kannst du dich über Politik informieren?

1. Finde heraus, wo du überall Informationen über Politik erhältst. Schreibe den Begriff unter das Bild.

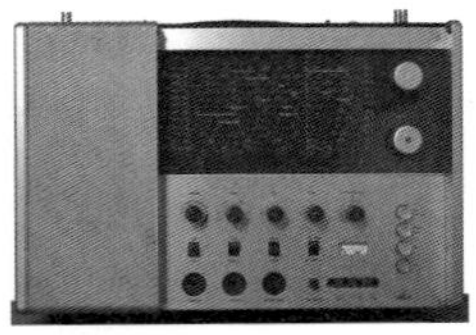

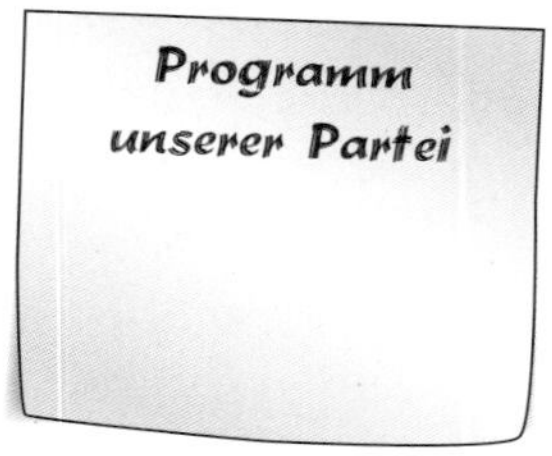

2. Hilf dieser Person, Möglichkeiten zu finden, um Einfluss am politischen Geschehen zu nehmen. Ergänze die folgenden Begriffe.

Wie kann ich aber Einfluss nehmen?

L_ser_r_ _fe schreiben	_lug_lätt_ _ verteilen	Z_r W_h_ gehen
M_tgl_ _d in einer Partei werden	Eine R_tss_tz_ng besuchen	_eschwerd_ bei der Gemeinde einreichen
An einem I_fostan_ mithelfen	In die Sp_echstun_e eines Abgeordneten im Wahlkreis gehen	Teilnahme an einer W_h_veranst_ltu_g

Marie Bludau/Karsten Paul: Politik handlungsorientiert: Deutschland

In der Familie

Name: ______________________

Datum: ______________________

Im Alltag einer Familie gibt es viel Arbeit und es sind unzählige Dinge zu erledigen und zu besprechen: Wer deckt den Tisch? Was gibt es zu essen? Welches Fernsehprogramm schauen wir heute?

1. Notiere, welche Aufgaben und Arbeiten im Alltag einer Familie bewältigt werden müssen.

____

____

Um einen reibungslosen Ablauf zu gewährleisten und Streitereien zu vermeiden, hat sich Familie K., das sind Vater (42), Mutter (39), Sohn (16) und Tochter (14), für ihren Haushalt Regeln aufgestellt.

2. Setze die folgenden Begriffe in den Familienplan ein:
Wünsche – Kompromisse – gemeinsam – Haushalt

Familienplan

Jeder sollte im H______________ mithelfen.

Jeder darf ______________ äußern.

Entscheidungen werden ______________ getroffen.

K______________ sind wichtig.

3. Finde weitere Regeln:

____

____

4. Was hältst du von folgenden Aussagen zum täglichen Essen? Entscheide dich.

	Finde ich gut	Finde ich nicht gut
a) Bei uns kocht nur die Mutter. Sie bestimmt, was es gibt.	☐	☐
b) Die Mutter fragt die ganze Familie, was es zu Essen geben soll. Alle machen Vorschläge, dann stimmen wir ab.	☐	☐
c) Bei uns sagt der Vater, was auf den Tisch kommt.	☐	☐
d) Wir Kinder dürfen Wünsche äußern, aber die Eltern entscheiden.	☐	☐

5. Welche Aussage gefällt dir besonders gut? ______________

Begründe deine Entscheidung:

____

Ein Familienproblem

Name: ______________________________

Datum: ______________________________

Das ist Familie X.: Vater (41), Mutter (39), Sohn (16), Tochter (14). Sie hat ein Problem:
Wohin fahren wir in den Urlaub?

Im letzten Jahr war die Familie in den Sommerferien drei Wochen auf Mallorca. In diesem Jahr sieht es finanziell nicht so gut aus. Vater hatte viel Kurzarbeit. Deshalb reicht das Geld für einen so langen und teuren Urlaub nicht mehr aus.

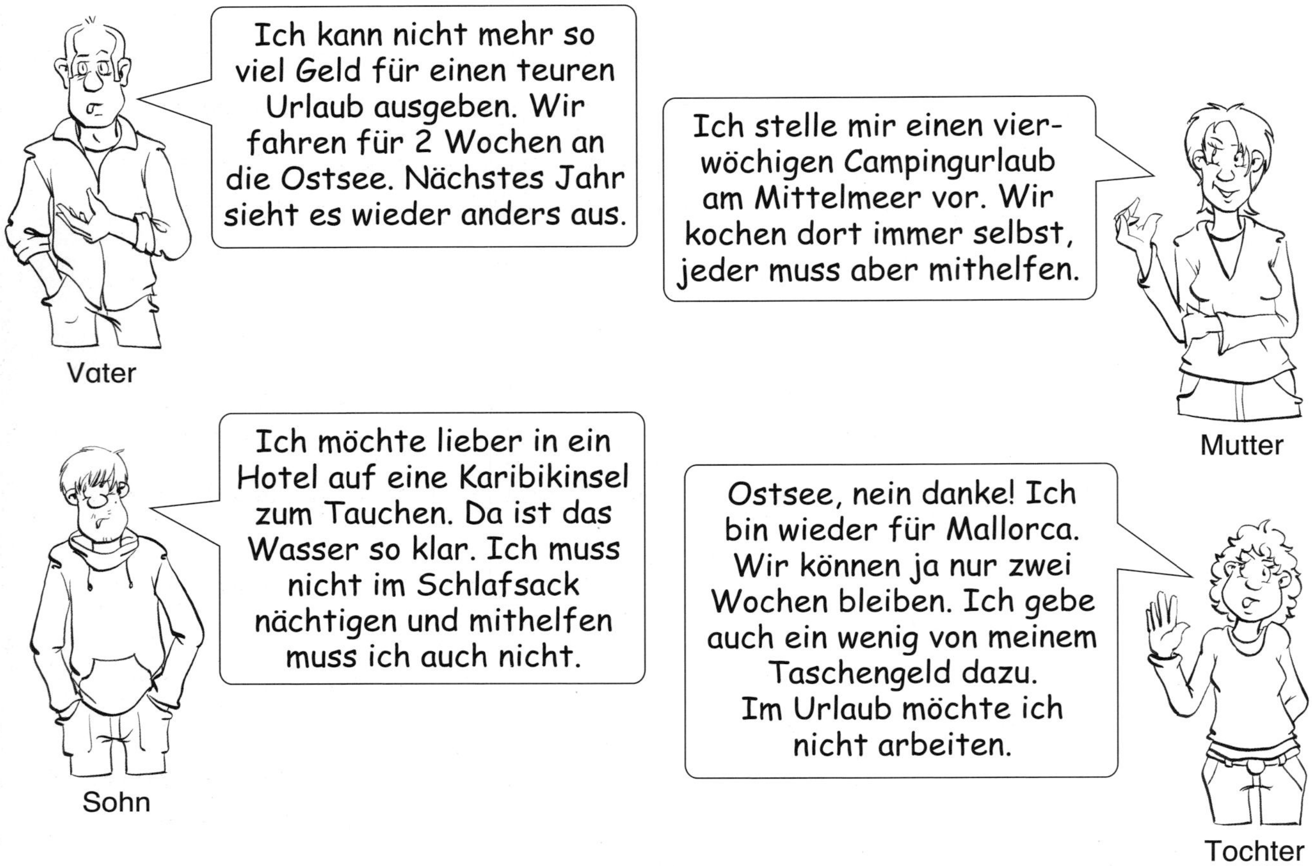

1. **Wie würdet ihr entscheiden?**
   Spielt den Fall einmal in der Klasse durch.

2. **Notiert eure Entscheidung:**

   ____

   ____

3. **Warum habt ihr euch so entschieden?**
   Mehrere, auch unterschiedliche Antworten sind möglich.

   ____

   ____

   ____

Die Schulordnung

Name: ______________________

Datum: ______________________

Schulordnungen regeln das Zusammenleben und Verhalten an der Schule. Das war schon immer so.

1. Lies die folgende alte Schulordnung. Überlege, welche Regeln du dir heute überhaupt nicht mehr vorstellen kannst. Kreuze sie an.

1. Jeder muss gewaschen und reinlich gekleidet erscheinen.
2. Wer Ungeziefer hat, wird von den Übrigen abgesondert.
3. Der Schüler muss zur rechten Zeit gegenwärtig sein.
4. Sobald der Lehrer erscheint, stehen die Schüler zur Begrüßung auf.
5. Jeder muss mit den Sachen, die er zum Unterricht gebraucht, versehen sein.
6. Die Kinder sind verpflichtet, die Aufgaben ordentlich und nach besten Kräften zu bearbeiten.
7. Kein Kind darf seinen Platz ohne Erlaubnis des Lehrers verlassen.
8. Naschen, Essen, Trinken und Spielen wird in keiner Klasse geduldet.
9. Wer etwas vergisst oder liegen lässt, ist wegen Unordnung zu strafen.
10. Jeder muss sich bemühen, laut und vornehmlich zu lesen und zu antworten. Keiner darf dem anderen zuflüstern oder unaufgefordert antworten.

2. Vergleiche diese Schulordnung mit der Schulordnung deiner Schule. Worin bestehen die Unterschiede?

____

____

3. Die meisten Schulordnungen in heutiger Zeit werden von Schulkonferenzen beschlossen. Informiert euch, wer die Schulordnung an eurer Schule beschlossen hat.

____

4. Versucht selbst, eine Schulordnung nach euren Vorstellungen zu entwerfen.

Unsere Schulordnung	Name: ______________________
	Datum: ______________________

Hier kannst du deine Vorstellungen von einer guten Schulordnung aufschreiben.
Unterteile sie in verschiedene Bereiche, wie z. B. in Schulgebäude, Schulhof …

Unsere Schulordnung

Klassensprecher	Name: ____________ Datum: ____________

1. Setze die folgenden Begriffe ein:

Aufgaben – Klasse – Klassensprecher – Beschlüsse – Beschwerden – Interessen – weiterzugeben – leiten – vermitteln – Streit – Sitzungen

Ich bin ______________________ der Klasse 7 und damit habe ich viel Verantwortung.

Meine ____________ sind:

- die ______________ der Schülerinnen und Schüler meiner Klasse zu vertreten,
- Anregungen, Vorschläge oder Wünsche der Klasse an die Lehrkräfte, Schulleitung oder Elternvertretung ___________________,
- ______________ oder Kritik aus der Klasse den Lehrkräften oder der Schulleitung vorzutragen,
- bei _________ unter den Mitschülern zu vermitteln,
- bei Schwierigkeiten zwischen Lehrkräften und Schülerinnen und Schülern der Klasse zu _______________,
- die Schülerversammlung der Klasse einzuberufen und zu _________,
- dafür zu sorgen, dass _______________ umgesetzt werden,
- an ______________ des Schülerrates teilzunehmen,
- die _________ über Beschlüsse des Schülerrates zu informieren.

2. Was sind Aufgaben des Klassensprechers?

	Problem	**Ja**	**Nein**
a)	Der Tafeldienst in der Klasse funktioniert nicht. Der Klassensprecher soll diese Arbeit übernehmen.		
b)	Uwe und Jens bewerfen sich in der Klasse mit Kreide. Der Klassensprecher geht auf beide zu und schlichtet.		
c)	Die Klasse wünscht sich, nächste Woche schwimmen zu gehen. Der Klassensprecher gibt den Vorschlag an den Klassenlehrer weiter.		
d)	Der Deutschlehrer geht für kurze Zeit aus dem Klassenraum. Der Klassensprecher sorgt in dieser Zeit für Ruhe und Ordnung.		

Wahl des Klassensprechers

Name: ______________________________

Datum: ______________________________

1. Finde die fehlenden Begriffe. Setze für jede Ziffer den entsprechenden Buchstaben aus dem Alphabet. Also für 1 das a, für die 2 das b, für die 26 das z.
Tipp: Großbuchstaben sind nur einmal 1, dann jeweils 11, 19, 23.

Das neue Schuljahr hat begonnen. Die Klasse muss einen Klassensprecher wählen.

Das ist Demokratie auf unterster Ebene. Zuerst müssen sich _ _ _ _ _ _ _ _ _ _ (11 1 14 4 9 4 1 20 5 14) für die Wahl zur Verfügung stellen. Das können Schülerinnen und Schüler sein. Vor der _ _ _ _ (23 1 8 12) erklären sie der Klasse, welche Vorstellungen sie haben, wie sie das Amt ausführen würden und warum gerade sie gewählt werden sollten.

Die Klasse muss nun entscheiden, wer die besten _ _ _ _ _ _ _ _ _ (1 18 7 21 13 5 14 20 5) hatte und als Klassensprecher geeignet ist. Jeder Schüler, jede Schülerin hat eine _ _ _ _ _ _ (19 20 9 13 13 5). Es wird _ _ _ _ _ _ (7 5 8 5 9 13) abgestimmt. Niemand wird zur Wahl gezwungen. Der Klassenlehrer ist der _ _ _ _ _ _ _ _ _ _ (23 1 8 12 12 5 9 20 5 18). Er verteilt die _ _ _ _ _ _ _ _ _ _ _ (19 20 9 13 13 26 5 20 20 5 12). Die Schülerinnen und Schüler kreuzen ihre Kandidatin, ihren Kandidaten an. Sie stecken den Stimmzettel in die _ _ _ _ _ _ _ _ (23 1 8 12 21 18 14 5)

Der Wahlleiter beaufsichtigt den korrekten Ablauf der Wahl und kontrolliert die Auszählung der Stimmen, damit kein Wahlbetrug geschieht.

Gewonnen hat, wer die meisten Stimmen erhalten hat. Das kann die einfache Mehrheit sein. Es kann auch sein, dass der Gewinner im ersten _ _ _ _ _ _ _ _ (23 1 8 12 7 1 14 7) mindestens die Hälfte aller abgegebenen Stimmen erreichen muss. Ist das nicht der Fall, kommt es zu einer Stichwahl.

Nach erfolgter Wahl muss der gewählte Klassensprecher oder die gewählte Klassensprecherin erklären, ob er/sie die Wahl annimmt.

2. Beschreibe in Kurzform die Aufgaben von …

a) Kandidaten: ______________________________

b) Wahlleiter: ______________________________

Schülersprecher

Name: ______________________

Datum: ______________________

1. Schreibe die Begriffe im richtigen Wortlaut in den Lückentext.

gitläfleiv – üSchlerspchreerin – nosrepKonkat – etertrev – effert – Aegärtn – erellets – llokProto – edneztisroV – efureb – netBit – fualAb – etiel – konSchulzenferen – eBessülsch

Ich bin die ______________________ an unserer Schule.

Meine Aufgaben sind ______________:

- Ich __________ die Interessen aller Schülerinnen und Schüler.
- Ich bin ______________ des Schülerrates.
- Ich bin die ________________ zwischen den Schülern, den Verbindungslehrern, den Lehrkräften, der Schulleitung und Eltern.
- Ich ________ mich regelmäßig mit den Verbindungslehrern und der Schulleitung.
- Ich ________ die Schülerratssitzungen ein und informiere die Verbindungslehrer und die Schulleitung darüber.
- Ich nehme _________ der Schülerschaft für die Sitzungen entgegen.
- Ich trage ________ und Beschwerden der Schülerschaft der Schulleitung vor.
- Ich __________ eine Tagesordnung.
- Ich regele den ________ der Sitzungen und stelle die Anwesenheit der Teilnehmer fest.
- Ich ______ die Sitzungen.
- Ich unterschreibe das ____________ der Sitzungen.
- Ich bin für die Umsetzung der _____________ verantwortlich.
- Ich kann an ______________________ teilnehmen.

2. Wie nennt sich das Amt bei euch an der Schule?

3. Gibt es Unterschiede zu den Abläufen bei euch an der Schule?

Kinderrechte

Name: ______________________

Datum: ______________________

Kinder können sich noch nicht so gut wehren wie Erwachsene. Deshalb müssen sie unterstützt werden. 1989 wurde eine weltweite Vereinbarung über die Rechte der Kinder beschlossen.

1. Setze die folgenden Buchstaben ein:
B, e, E, F, F, G, g, h, J, K, K, K, M, R, S, s, s, Sch, sch, w

__leiche __echte für alle Kinder	Recht auf __igene __einung	__ltern müssen sich um ihre __inder kümmern.

Kinder dürfen nicht __eschlagen oder ___ ___lecht behandelt werden.	__edes Kind darf zur ___ ___ule gehen.	__piel und __reizeit für alle	__etreuung bei Be__inderung

Schutz vor __irtschaftlicher und __exueller Ausbeutung	__inder sollen ge__und aufwachsen.	Schutz im __rieg und auf der __lucht

2. Finde heraus, welches Kinderrecht mit den Fotos gemeint ist. Schreibe es darunter.

____

____

____

____

____

____

____

____

____

3. Welches Recht ist für dich sehr wichtig? Begründe deine Entscheidung.

Recht: ______________________

Begründung: ______________________

____

Ergebnissicherung

Name: ______________________

Datum: ______________________

1. Hier haben sich 7 Wörter zum Thema „Familie/Schule“ versteckt. Kreise sie ein.

2	5	D	I	R	S	C	H	U	L	H	O	F	B	Ä	R	T	E	9	5	6	8	3
A	U	K	F	A	M	I	L	I	E	N	P	L	A	N	S	P	K	X	W	A	R	E
B	N	A	K	V	E	R	B	I	N	D	U	N	G	S	L	E	H	R	E	R	I	T
C	V	M	Q	S	T	U	4	N	O	R	D	T	A	F	E	L	D	I	E	N	S	T
E	W	T	I	S	C	H	U	L	O	R	D	N	U	N	G	O	P	E	R	9	D	U
F	U	H	A	U	S	H	A	L	T	J	O	B	S	5	K	E	R	T	N	O	R	M
H	O	5	Z	U	G	K	L	A	S	S	E	N	S	P	R	E	C	H	E	R	U	S

2. Verbinde die Satzanfänge mit den richtigen Satzenden.

Schulordnungen regeln das Zusammenleben und	ist ein Familienplan wichtig.
Um einen reibungslosen Ablauf zu gewährleisten,	den Lehrkräften oder der Schulleitung vor.
Der Klassensprecher trägt Beschwerden aus der Klasse	werden von Schulkonferenzen beschlossen.
Die meisten Schulordnungen	das Verhalten an der Schule.

3. Streiche die falsche Aussage durch.

a) Ein Klassensprecher muss gut im Sport sein.

b) Mädchen dürfen auch zur Klassensprecherin gewählt werden.

c) Klassensprecher setzen sich für die Angelegenheiten der Schule ein.

d) Der Schülersprecher vertritt die Interessen seiner Klasse vor der gesamten Schülerschaft.

e) Der Schülersprecher beruft die Schülerratssitzungen ein.

Leben in der Gemeinde – unser Ort

Name: ______________________

Datum: ______________________

Ein Name taucht in unserer Gemeinde gleich zwei Mal auf:
- auf einem Straßenschild und
- ein Museum ist nach ihm benannt.

Steckbrief Albert König

1881	22. März geboren in Eschede
1887	Aufenthalt in Königsberg
1889/95	Hütejunge bei Bauern nahe Eschede, Schulunterricht
1895	Schulentlassung und Beginn einer Lehre als Dekorationsmaler
1901	Ausbildung an der Kunstgewerbeschule Düsseldorf
1903/05	Militärdienst
1909	Besuch der Zeichenschule Heymann in München
1915	Soldat
1919	Heirat mit Dorothea Borsdorff
1924	Italienaufenthalt
1927	Umsiedlung nach Unterlüß
1932	Stipendium der Deutschen Albrecht-Dürer-Stiftung
1941	Ausstellung Museum Celle
1944	5. Februar gestorben

1. Welcher Name erinnert in deiner Gemeinde an eine bedeutende Persönlichkeit?

____

2. Wo findest du diesen Namen?

____

3. Erstellt in Gruppenarbeit zu dieser Person einen Steckbrief.

Beachtet dabei folgende Fragen:

① Wer war diese Person?
② Wann hat sie gelebt?
③ Wo wurde sie geboren?
④ Wo hat sie gelebt?
⑤ Wo ist sie beigesetzt?
⑥ War sie verheiratet? Wenn ja, mit wem?
⑦ Was hat sie für deinen Ort berühmt gemacht?

4. Klebt ein Foto dieser Person auf den Steckbrief.

Unsere Gemeinde hat viel zu bieten

Name: ______________________

Datum: ______________________

Ihr wollt Interesse für eure Gemeinde wecken.

1. **Erstellt dazu einen Flyer. Er soll zum Betrachten und Lesen anregen.**

2. **Faltet ein DIN-A4-Blatt einmal in der Mitte. Ihr erhaltet dadurch vier Bereiche.**

3. **Sucht nach Informationen zu folgenden Bereichen:**
   - Entstehungsgeschichte
   - Angebote für Freizeit und Sport
   - Kultur und Tourismus
   - Informationen über Wirtschaft und Industrie
   - Einkaufsmöglichkeiten
   - Gesundheit und Soziales (wie z. B. Krankenhaus/Kliniken, Kinderbetreuung, Seniorenheim)
   - Politik und Verwaltung
   - Kirchen und Religion
   - Bildungseinrichtungen

4. **Besorgt euch folgende Bildmaterialien:**
   z. B. Wappen des Ortes, verschiedene Fotos, eine Kartenskizze zur Lage des Ortes.

5. **Entwerft kurze Texte zu den einzelnen Bereichen.**
   Denkt dabei an alle wichtigen Daten, wie z. B. Öffnungszeiten, Datum der Veranstaltung usw.

6. **Überlegt euch folgende Punkte:**
   - Was kommt auf die Vorderseite?
     (z. B.: Name des Ortes, Ortswappen, Sehenswürdigkeiten)
   - Welche Informationen sollen auf die Innenseiten?
     (z. B.: eine Auswahl der Bereiche von Aufgabe 3, mit Kurzbeschreibung und Bild)
   - Was kommt auf die Rückseite?
     (z. B.: die Kartenskizze zur Lage des Ortes im Nahbereich (Landkreis) und Fernbereich (Bundesland)

Das Rathaus

Name: ______________________________

Datum: ______________________________

Im Rathaus sitzt die Verwaltung der Gemeinde bzw. die Regierung bei den Stadtstaaten. Hier finden u. a. auch die Sitzungen des Gemeinde- oder Stadtrates statt. Das Rathaus kann regional ganz unterschiedliche Namen haben: Stadthaus, Gemeindeamt, Bezirksamt …

1. Erkundet gemeinsam das Rathaus eures Heimatortes. Welche Ämter sind dort untergebracht? Tragt sie in die Fensterausschnitte ein.

2. Notiert folgende Informationen:

- Wo befindet sich das Rathaus (Straße/Hausnummer):

____

- Wie sind die Öffnungszeiten?

____

- Wie lautet die Telefonnummer?

____

Marie Bludau / Karsten Paul: Politik handlungsorientiert: Deutschland

Die Gemeinde im Leben einer Familie	Name: ______________________
	Datum: ______________________

Auf dieser Seite sind Ereignisse aus dem Leben der Familie K. dargestellt.

An welches Amt bzw. welche Einrichtung muss sich die Familie in den beschriebenen Fällen in deiner Gemeinde wenden? Notiere deine Lösung unter dem entsprechenden Fall.

Familie S. hat eine Tochter bekommen. Sie melden das Kind an.

____

____

Die Tochter kommt mit drei Jahren in den städtischen Kindergarten.

____

____

Mit sechs Jahren besucht sie die Grundschule am Ort.

____

____

Nach der Führerscheinprüfung kauft sie sich ein Auto und will es zulassen.

____

____

Familie S. kauft sich einen Hund und muss nun Hundesteuer bezahlen.

____

____

Die Tochter heiratet ihre Jugendliebe.

____

____

Der Bürgermeister (1)

Name: ____________________

Datum: ____________________

Ein Journalist macht über den Aufbau einer Gemeindeverwaltung eine Befragung.

Journalist: Herr W., Sie sind der Bürgermeister dieser Gemeinde?

Bürgermeister: Ja, ich bin von den Bürgerinnen und Bürgern für acht Jahre direkt gewählt.

Journalist: Welche Aufgaben hat ein Bürgermeister?

Bürgermeister: Das Aufgabengebiet ist vielfältig. So leite ich die Gemeindeverwaltung.

Journalist: Was ist die Gemeindeverwaltung?

Bürgermeister: Das ist eine Behörde. Bei uns sitzt sie im Rathaus und ist wie folgt gegliedert: Innere Dienste, Bau und Kultur, hierzu gehören Öffentlichkeitsarbeit, Schule/Kindergarten, Veranstaltungen und Heimatpflege. Da gibt es den Bereich Bürgerservice und Finanzen, dazu zählen bei uns Haushalt- und Finanzwesen, Gemeindesteuern, Gemeindekasse, Standesamt, Friedhofswesen und soziale Hilfen.

Bürgermeister weiter: Ich bin auch Vorsitzender des Verwaltungsausschusses und Vorgesetzter aller Gemeindebediensteten.

Journalist: Wie setzt sich der Verwaltungsausschuss zusammen?

Bürgermeister: In meiner Gemeinde sind es neben mir noch vier weitere Mitglieder des Gemeinderates.

Journalist: Was ist denn der Gemeinderat?

Bürgermeister: Der Gemeinderat ist das von den Bürgerinnen und Bürgern direkt gewählte politische Organ der Gemeinde. Die Zahl der Ratsmitglieder richtet sich nach der Einwohnerzahl.

Journalist: Erklären Sie doch bitte einmal die Abhängigkeit von der Einwohnerzahl.

Bürgermeister: Bei einer Gemeinde bis zu 500 Einwohnern beträgt die Zahl 6 Abgeordnete, bei 501 bis 1000 sind es 8, von 1001 bis 2000 sind es 10, von 2001 bis 3000 ist die Anzahl 12. Die Zahl steigt immer um 2 Abgeordnete. Bis zu einer Einwohnerzahl von 12 000 beträgt die jeweilige Steigerung immer 1000 Einwohner, also je 1000 Einwohner 2 Abgeordnete mehr. Danach gibt es in der Steigerung größere Schritte: Sie steigt dann von 5000 über 10 000 und 25 000 bis zu 100 000. Das steht bei uns im Niedersächsischen Kommunalgesetz in § 46.

Journalist: Welche weiteren Aufgaben haben Sie als Bürgermeister?

Bürgermeister: Ich vertrete die Gemeinde in Recht- und Verwaltungsgeschäften und repräsentiere sie bei Vereinsjubiläen, Ehrungen oder Gastveranstaltungen.

1. Lies den Text sorgfältig durch. Übertrage dann die wesentlichen Begriffe in das Schaubild auf dem 2. Arbeitsblatt.

2. Erkundige dich, wie die Gemeindeverwaltung an deinem Wohnort gegliedert ist.

3. Finde heraus, wie der Gemeinderat in deiner Gemeinde heißt. ____________________

4. Rechne einmal aus, wie viele Ratsfrauen und Ratsherren in einer Gemeinde von 9001 bis 10 000 Einwohnern im Rat vertreten sind. Es sind: ____________________

5. Wie viele Abgeordnete hat der Rat deiner Gemeinde? ____________________

Der Bürgermeister (2)

Name: ______________________

Datum: ______________________

Die Gemeinden sind die Grundlage eines demokratischen Staates.

6. Ergänze das folgende Schaubild.

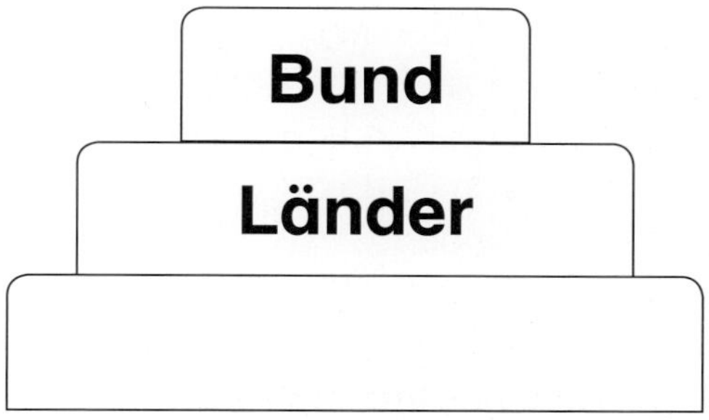

7. Übertrage die wesentlichen Begriffe aus dem Text in dieses Schaubild.

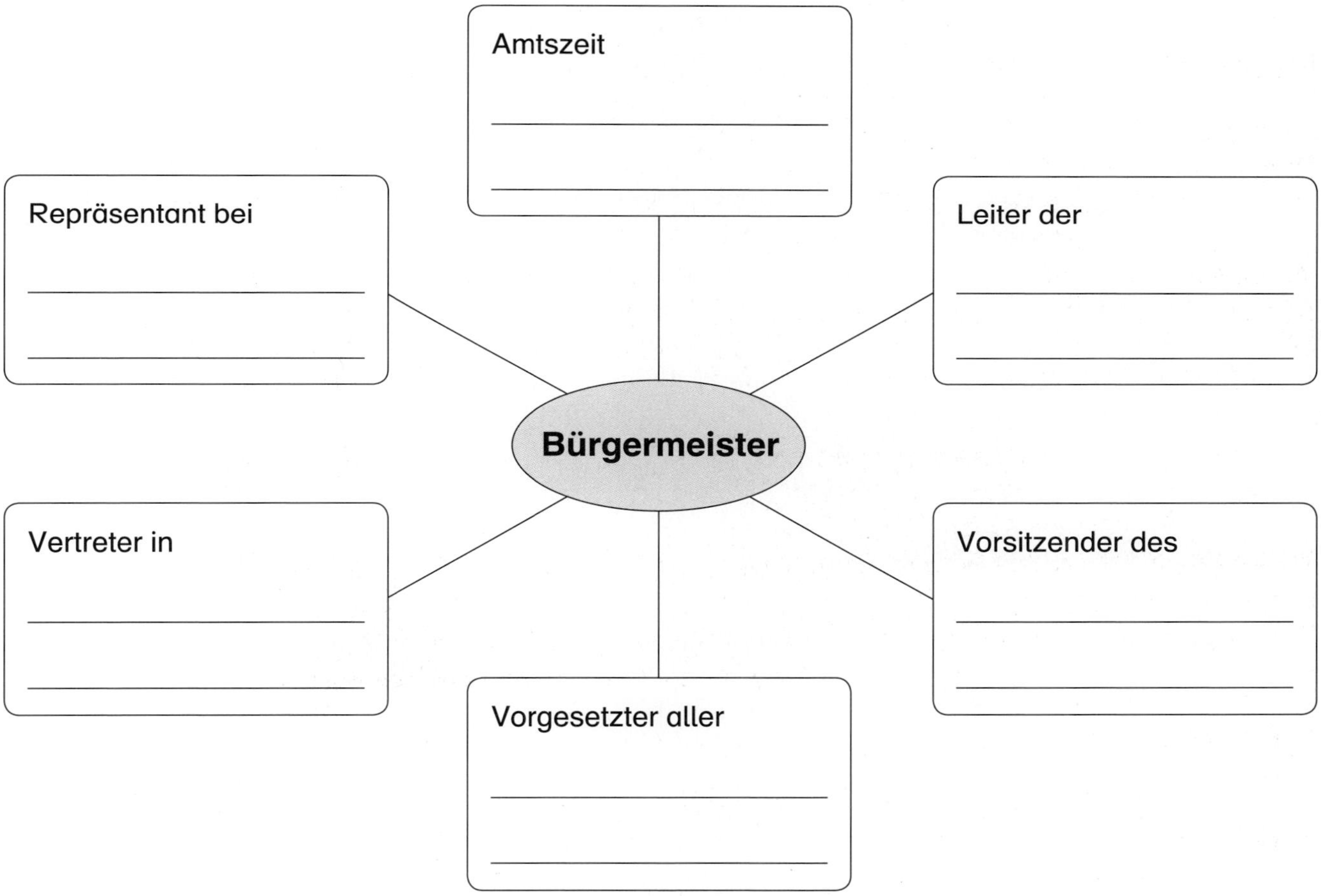

8. Wen oder was wählen die Bürgerinnen und Bürger in der Gemeinde direkt?

a) ____

b) ____

Aufgaben einer Kommune

Name: ______________________

Datum: ______________________

Eine Kommune hat vielfältige Aufgaben.
Der Bürgermeister erzählt: „Unsere Aufgaben unterteilen sich. Es gibt Pflichtaufgaben (A). Dazu gehört die Sicherung der Grundbedürfnisse unserer Bürgerinnen und Bürger. Das sind Abfallbeseitigung, Strom- und Wasserversorgung. Diese Aufgaben muss eine Kommune erfüllen. Daneben haben wir freiwillige Aufgaben (B) wie öffentliche Anlagen oder Einrichtungen. Das sind Parks, Schwimmbäder, Museen, Krankenhäuser oder Kindergärten. Hier können wir entscheiden, welche Angebote wir unseren Bürgerinnen und Bürgern machen können und wollen. Niemand kann uns dazu zwingen. Zum Schluss gibt es noch von Bund oder Land übertragene Aufgaben (C). Dazu zählt das Ausstellen von Pässen oder Urkunden.
Eine Gemeinde hat enorme Ausgaben. Neulich hat der Gemeinderat beschlossen, ein neues Fahrzeug für die Feuerwehr anzuschaffen, damit sie im Notfall genügend Einsatzfahrzeuge haben. Das muss im Haushalt der Gemeinde eingeplant werden. Wenn das Fahrzeug geliefert wird, dann muss die Rechnung auch bezahlt werden können. Das ist nur eine von vielen Ausgaben.“

1. Informiere dich bei deiner Gemeinde, für welche Bereiche sie Geld ausgibt.

____

Der Bürgermeister erzählt weiter: „Wenn wir Geld ausgeben, müssen wir auch Geld einnehmen. Unsere Einnahmequellen sind u. a. Steuern. Betriebe zahlen Gewerbesteuern. Bund und Land zahlen uns einen Anteil von 15 % an der Einkommenssteuer. Den komplizierten Verteilungsschlüssel regelt § 3 des Gemeindefinanzreformgesetzes. Die Haus- und Grundstücksbesitzer müssen Grundsteuern bezahlen. Alle Hundehalter entrichten eine Hundesteuer. Daneben erhalten wir Gelder durch Gebühren, z. B. für das Ausstellen der Pässe oder Urkunden. Auch Eintrittsgelder kassieren wir für unsere Einrichtungen. Zu den Einnahmen zählen auch Beiträge, wenn neue Grundstücke erschlossen werden oder unsere Einnahmen aus Vermietung und Verpachtung von Gemeindeeigentum. Zuschüsse erhalten wir von Bund oder Land für Schulen oder Sportanlagen.

2. Lies die Informationen des Bürgermeisters. Unterstreiche im Text alle Einnahmequellen.

3. Erstelle eine Tabelle aller Aufgaben. Notiere dazu entsprechende Beispiele.

Aufgaben	Beispiele
A)	
B)	
C)	

Eine Skateranlage

Name: ____________________

Datum: ____________________

1. Lies das Gespräch.

Sören, Kati, Maik und Claudia sind begeisterte Skater. In ihrer Gemeinde haben sie außer auf öffentlichen Straßen und Parkplätzen keine Möglichkeiten, ihren sportlichen Bedürfnissen nachzugehen. Das wollen sie ändern. Ihr Wunsch ist eine Skateranlage in der Nähe des Freizeitzentrums. Platz dafür ist genügend vorhanden.

Sie beraten sich, was sie für ihr Vorhaben tun müssen.

Sören: Wir müssen viele Menschen in unserer Gemeinde von unserer Idee überzeugen.

Maik: An wen denkst du dabei?

Sören: Ich denke an unsere Eltern, Geschwister, Verwandten und Bekannten, an Nachbarn und unseren Jugendclub.

Kati: Das ist gut! Wir brauchen nämlich viele Leute, die uns unterstützen. Je mehr es sind, desto größer ist unsere Chance.

Claudia: Wie geht es dann aber weiter?

Sören: Mein Vater hat gesagt, wir brauchen Personen, die für uns direkt einen Antrag für unser Vorhaben stellen können. Das kann nämlich nicht jeder Bürger.

Claudia: Und wer kann das sein?

Kati: Das sind doch bestimmt alle Ratsmitglieder unserer Gemeinde, auch unser Bürgermeister.

Maik: Wie geht es danach weiter, wenn wir eine Person gefunden haben?

Sören: Auch hier wusste mein Vater Bescheid. Der Antrag wird in der Gemeinderatssitzung beraten und dann wird darüber abgestimmt.

2. Schreibe in Kurzform auf, wie die Jugendlichen ihren Wunsch für eine Skateranlage verwirklichen können.

a) ____________________

____

b) ____________________

____

c) ____________________

____

3. Überlege dir, wofür du dich einsetzen würdest. Skizziere deine Vorgehensweise.

Persönliche Dokumente

Name: ______________________

Datum: ______________________

Persönliche Dokumente sind wichtig, damit sich eine Person ausweisen kann. Ab 16 Jahren muss man einen Personalausweis bei sich tragen.

Der Personalausweis

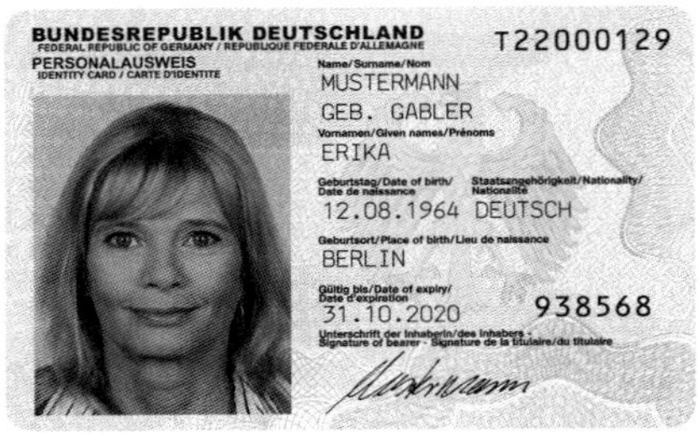

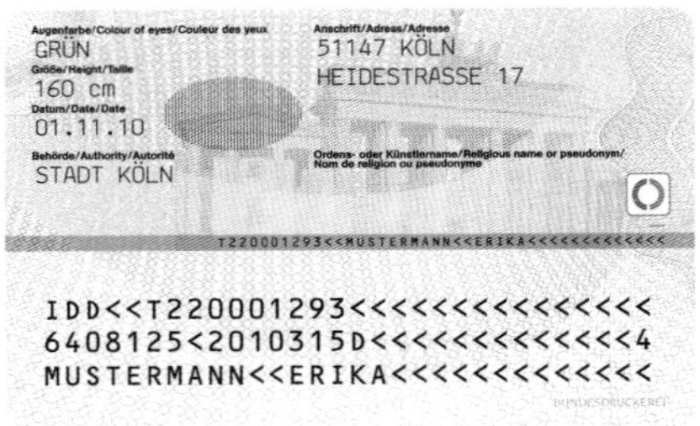

1. Welche Informationen enthält ein Personalausweis?

Auf der Vorderseite:

____

____

Auf der Rückseite:

____

____

2. Wie lange ist ein Personalausweis gültig?

____

3. Informiere dich bei deiner Gemeinde, welche Unterlagen du zur Antragstellung mitbringen musst:

____

Der Reisepass

4. Wann benötigt eine Person einen Reisepass?

____

____

5. Welche Informationen enthält ein Reisepass?

____

____

6. Wie lange ist ein Reisepass gültig?

____

7. Bei welchem Amt musst du einen Reisepass beantragen?

____

Ergebnissicherung

Name: ______________________

Datum: ______________________

1. Hier haben sich 11 Wörter zum Thema Kommune versteckt.

a) Lies von links nach rechts und von oben nach unten. Markiere sie.

Q	B	Ü	R	G	E	R	M	E	I	S	T	E	R	Q	R	Z		W	X	Y	M	T
G	E	W	E	R	B	E	Z	R	E	I	S	E	P	A	S	S	Q	B	S	S	U	V
V	C	G	R	U	N	D	S	T	E	U	E	R	T	U	Q	C	Z	Ü	V	X	S	W
K	P	F	L	I	C	H	T	A	U	F	G	A	B	E	N	H	B	R	J	R	E	J
X	Y	U	L	T	R	A	X	B	V	E	R	W	A	L	T	U	N	G	P	Q	U	K
J	H	P	D	S	T	A	N	D	E	S	A	M	T	L	U	L	B	E	S	T	M	X
P	E	R	S	O	N	A	L	A	U	S	W	E	I	S	Q	E	F	R	G	H	L	Y

b) Wähle zwei Begriffe davon aus. Erkläre sie mit eigenen Worten.

1. Begriff

____

____

____

2. Begriff

____

____

____

2. Korrigiere diese Aussagen.

a) Die Verwaltung einer Gemeinde sitzt in der Schule. ______________________

b) Der Bürgermeister wird vom Gemeinderat gewählt. ______________________

c) Mit dem Personalausweis kann man nach Australien reisen. ______________________

d) Hundesteuer muss im Standesamt bezahlt werden. ______________________

Vorwissen und Fragen an das Thema	Name: ______________________ Datum: ______________________

1. Welche Informationen hast du schon zu diesem Thema? Notiere deine Ideen und Begriffe in den Gedankenblasen.

2. Was möchtest du wissen? Formuliere Fragen zum Thema.

Zum Beispiel: Was ist ein föderalistischer Staat?

____?

____?

____?

____?

Marie Bludau/Karsten Paul: Politik handlungsorientiert: Deutschland

Symbole der Bundesrepublik

Name: ____________________

Datum: ____________________

Diese drei Symbole kennzeichnen die Bundesrepublik Deutschland:
Wappen – Flagge – Nationalhymne.

1. Klebe hier das Wappen ein.

2. Male die Flagge in den richtigen Farben an.

3. Vervollständige den Text der Nationalhymne. Setze folgende Begriffe ein:

Vaterland – alle – Hand – Einigkeit – brüderlich – Glückes – Glanze – Blüh – Freiheit – deutsches

__________ und Recht und Freiheit für das deutsche __________!

Danach lasst uns _____ streben, __________ mit Herz und _____!

Einigkeit und Recht und __________ sind des __________ Unterpfand:

_____ im ________ dieses Glückes,

Blühe __________ Vaterland!

4. Zu welchen Anlässen werden diese Symbole gezeigt bzw. wann wird die Nationalhymne gespielt?

____

____

5. Wo ist der Bundesadler als hoheitliches Symbol zu sehen?

____

____

Der politische Aufbau der Bundesrepublik

Name: ______________________

Datum: ______________________

Die Bundesrepublik Deutschland ist politisch wie eine Pyramide aufgebaut. An der Spitze steht der **Bund**, danach kommen die **Bundesländer**. Diese sind in **Regierungsbezirke** unterteilt. Jeder Regierungsbezirk wiederum hat verschiedene **Landkreise**. Ganz unten stehen die **Kommunen** und **kreisfreien Städte**.

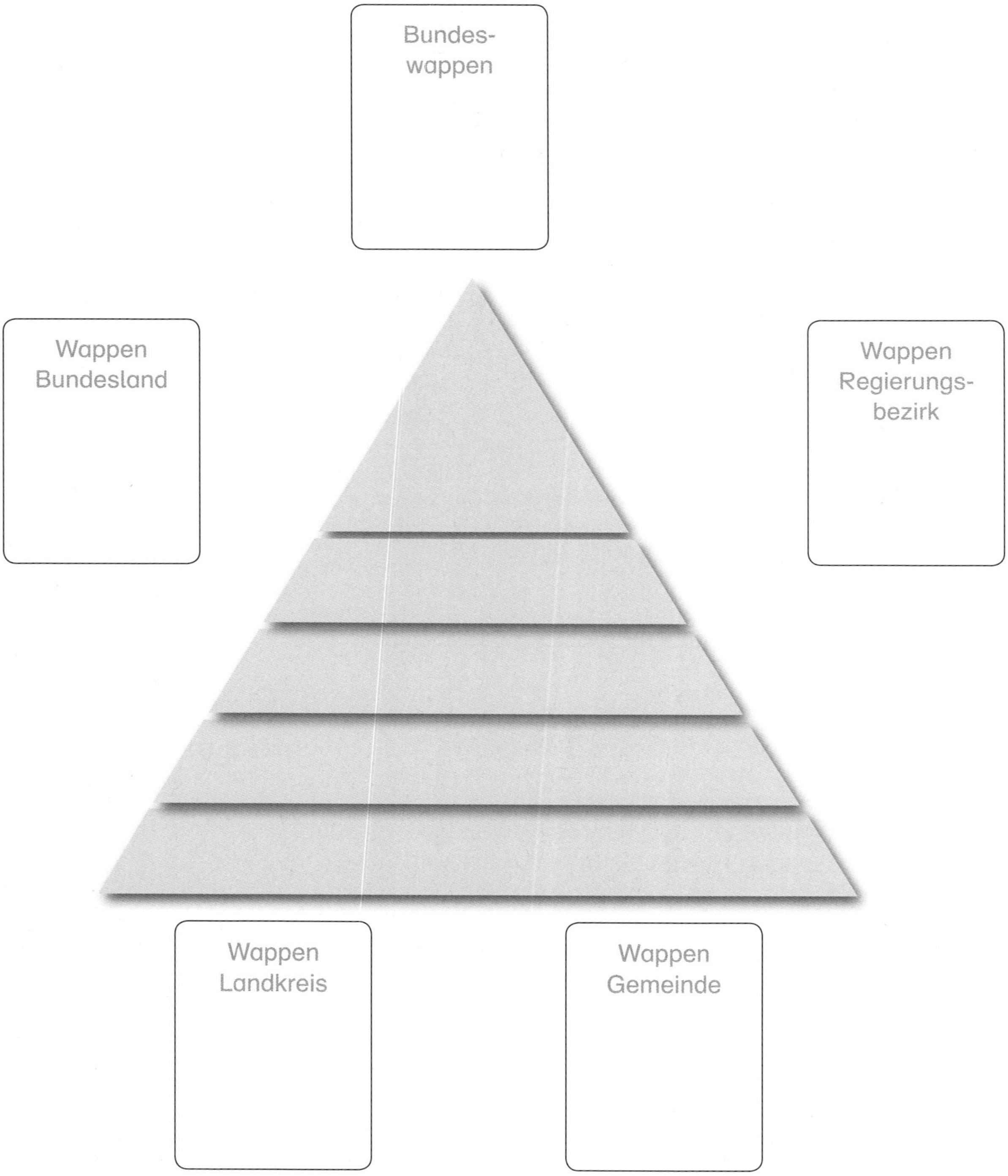

1. **Fülle die Pyramide über den Aufbau der Bundesrepublik aus.**

2. **Besorge dir die entsprechenden Wappen aus deiner Region und klebe sie ein.**

Verteilung der Aufgaben

Name: ______________________

Datum: ______________________

Bund, Länder und Kommunen haben ganz unterschiedliche Aufgaben. Während der Bund die Entscheidungsgewalt über Zoll- und Geldwesen, die Außen- und Verteidigungspolitik, das Verkehrswesen und über die Post besitzt, entscheiden die einzelnen Länderregierungen über die folgenden Bereiche: Polizeiwesen, Kultur- und Bildungswesen, Funk und Fernsehen, Gesundheitswesen, Verwaltung von Städten und Gemeinden und Teile des Finanzwesens.

1. Fülle die folgende Tabelle aus.

Aufgaben des Bundes	Aufgaben des Landes

2. Informiere dich in deiner Kommune/Gemeinde über deren Aufgaben.

____

____

____

____

____

3. Welche Landesrundfunkanstalt ist für dein Bundesland zuständig?

____

Die Bundesländer

Name: ______________________________

Datum: ______________________________

Baden-Württemberg

Thüringen

Schleswig-Holstein

Sachsen-Anhalt

Sachsen

Bayern

Saarland

Berlin

Rheinland-Pfalz

Brandenburg

Nordrhein-Westfalen

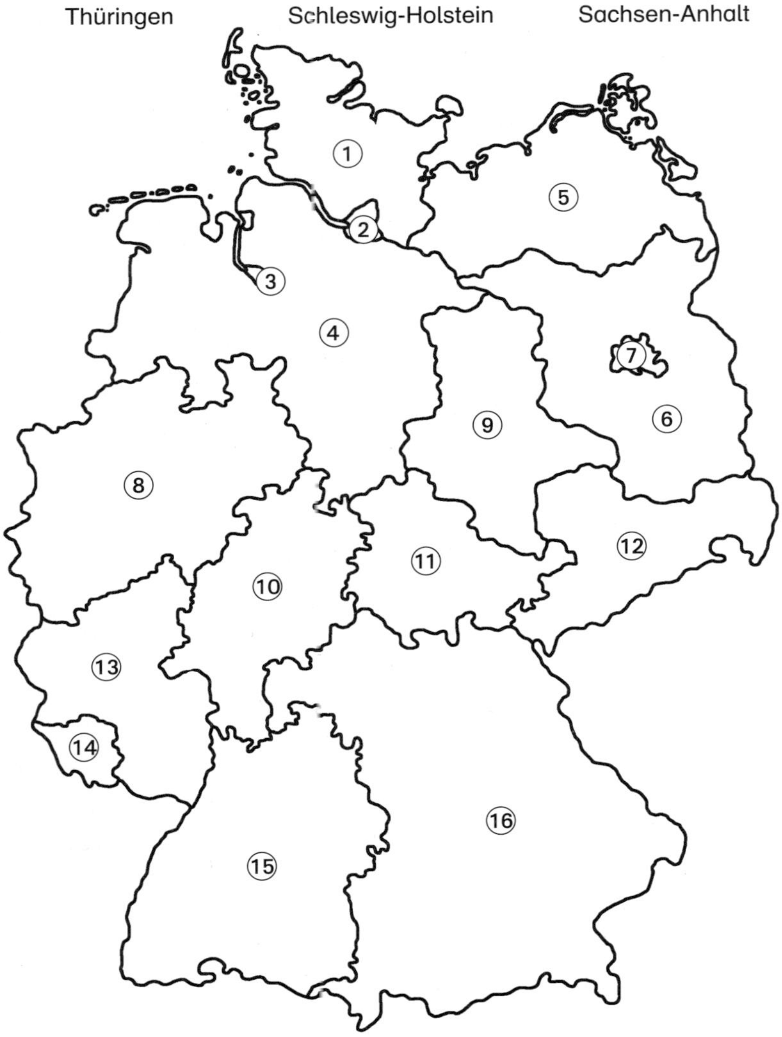

Bremen

Hamburg

Hessen

Mecklenburg-Vorpommern

Niedersachsen

Ordne die Länderwappen den Bundesländern auf der Karte zu.
Benutze dazu die Zahlen.

Marie Bludau / Karsten Paul: Politik handlungsorientiert: Deutschland

Mein Bundesland – eine Ausstellung gestalten

Name: ____________________

Datum: ____________________

Eure Aufgabe besteht darin, in Kleingruppen eine Ausstellung zu eurem Bundesland zu gestalten.

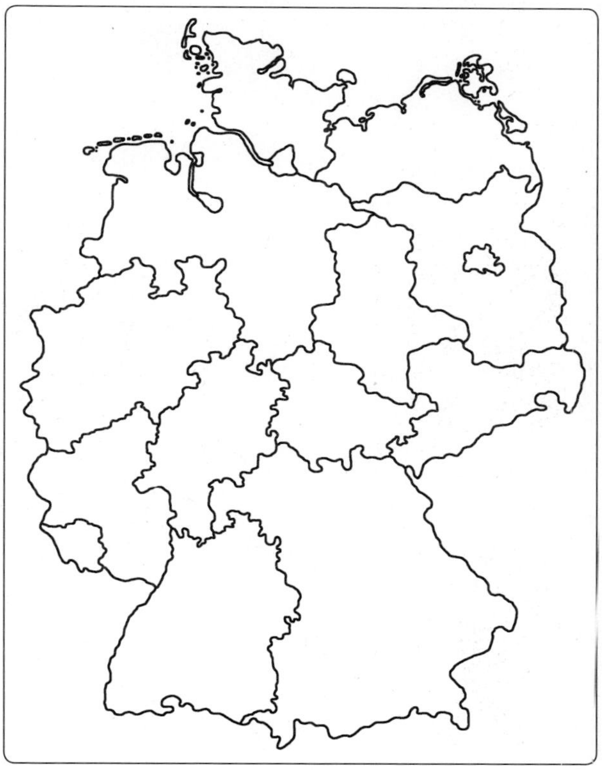

So könnt ihr vorgehen:

1. Sucht einen geeigneten Ort für diese Ausstellung (z. B. in der Pausenhalle, in der Aula ...).

2. Stellt eure Arbeitsergebnisse möglichst anschaulich dar. Achtet auf Schriftgröße bei Überschriften und Texten, auf farbige Gestaltung, Bildauswahl ...

3. Folgende Aufgaben könnt ihr bearbeiten:
   - Benutzt eine Karte der Bundesländer. Markiert darin euer Bundesland.
   - Besorgt euch Bilder vom Landeswappen und der Landesflagge.
   - Notiert die Einwohnerzahl des Bundeslandes.
   - Schreibt die Flächengröße auf.
   - Kennzeichnet die Landeshauptstadt, benennt sie.
   - Welche Parteien sind in der Landesregierung vertreten?
   - Wer ist Chef des Landesparlaments, wie heißt er?
   - Welche wichtigen Wirtschaftszweige gibt es?
   - Benennt die wichtigsten Verkehrswege zu Land, zu Wasser und in der Luft.
   - Wie heißt der regionale öffentlich-rechtliche Funk- und Fernsehsender?
   - Welche Umweltschutzmaßnahmen hat die Landesregierung in den letzten fünf Jahren ergriffen?
   - Welche Probleme müssen gelöst werden?

4. Macht Werbung für eure Ausstellung: z. B. Beginn und Dauer, entwerft Handzettel oder Plakate, schreibt Einladungen für besondere Gäste.

5. Findet eigene Aufgaben, die ihr ausgestalten wollt.

Der Bundespräsident

Name: ____________________

Datum: ____________________

1. Lies den Text.

Er ist das Staatsoberhaupt. Sein Amtssitz ist das Schloss Bellevue in Berlin. Er wird von der Bundesversammlung gewählt. Seine Amtszeit dauert fünf Jahre. Er kann danach noch einmal wiedergewählt werden. Der Bundespräsident vertritt die Bundesrepublik im Inland und im Ausland. Er hat nur repräsentative Aufgaben.

Völkerrechtlich vertritt er die Bundesrepublik Deutschland. Er macht Staatsbesuche im Ausland, z. B. zur Verbesserung der Beziehungen untereinander. Dabei begleiten ihn Vertreter aus Politik und Wirtschaft und Persönlichkeiten aus Wissenschaft und Kultur. Er empfängt ausländische Staatsgäste.

Er schlägt den Bundeskanzler vor. Auf Antrag des Bundeskanzlers ernennt er die Bundesminister. Er ernennt die vom Bundestag und Bundesrat gewählten Richter des Bundesverfassungsgerichts. Er unterzeichnet die vom Bundestag und Bundesrat beschlossenen Gesetze und verkündet sie im Bundesgesetzblatt.

Der Bundespräsident kann den Bundestag auflösen, wenn der Bundestag dem Kanzler das Vertrauen entzogen hat. Er wird vom Bundesratspräsidenten bei seinen Amtsgeschäften vertreten, wenn er verhindert ist.

2. Streiche die falschen Angaben durch.

a) Sein Amtssitz ist die Villa Hammerschmidt / das Schloss Bellevue.

b) Er wird von der Bundesversammlung gewählt. / Er wird vom Bundesrat gewählt.

c) Er wird für fünf Jahre gewählt. / Er wird für vier Jahre gewählt.

d) Er wählt den Bundeskanzler. / Er schlägt den Bundeskanzler vor.

e) Er ernennt die Bundesminister. / Er schlägt die Bundesminister vor.

f) Er wird vom Bundeskanzler vertreten. / Er wird vom Bundesratspräsidenten vertreten.

g) Er ist der Regierungschef der Bundesrepublik. / Er ist das Staatsoberhaupt der Bundesrepublik.

Der Bundespräsident – ein Steckbrief

Name: ______________________

Datum: ______________________

Erstelle einen Steckbrief vom amtierenden Bundespräsidenten.

Hilfen findest du im Internet unter: www.bundespraesident.de/DE/Bundespraesident-Joachim-Gauck/bundespraesident-joachim-gauck-node.html

Steckbrief

Name: ______________________

Vorname: ______________________

Geburtsdatum: ______________________

Geburtsort: ______________________

Name der Lebensgefährtin: ______________________

Foto

Beruflicher Werdegang:

____

____

____

____

Politischer Werdegang:

____

____

____

____

____

____

Der Bundeskanzler

Name: ______________________

Datum: ______________________

1. Lies den Text.

Der Bundeskanzler ist der Regierungschef. Sein Amtssitz ist das Bundeskanzleramt in Berlin. Die bei den Bundestagswahlen siegreiche Partei oder Koalition benennt ihren Kanzlerkandidaten und schlägt ihn dem Bundespräsidenten vor. Gewählt wird der Bundeskanzler auf Vorschlag des Bundespräsidenten vom Bundestag. Stimmen im ersten Wahlgang mehr als die Hälfte der Mitglieder des Bundestages zu, ernennt der Bundespräsident diese Person zum Bundeskanzler. Bei erfolglosem ersten Wahlgang wird die Kanzlerwahl wiederholt.

Der Bundeskanzler hat allein das Recht zur Bildung des Bundeskabinetts. Er legt die Aufgabenbereiche fest und wählt die Minister aus. Seinen Vorschlag für die Minister reicht er an den Bundespräsidenten weiter.

Der Bundeskanzler ist Vorsitzender im Bundeskabinett und leitet die Sitzungen. Er bestimmt die Richtlinien der Regierungspolitik und ist dafür verantwortlich. Im Verteidigungsfall hat er die Befehls- und Kommandogewalt über die Streitkräfte.

Seine Amtszeit dauert vier Jahre. Danach sind wieder Bundestagswahlen – und ein neuer Bundeskanzler wird gewählt oder der alte in seinem Amt bestätigt. Vor Ablauf seiner Amtszeit kann er durch ein Misstrauensvotum abgelöst werden.

2. Kreuze an.

	Richtig	Falsch
Der Amtssitz ist in Berlin im Reichstagsgebäude.	☐	☐
Der Bundeskanzler ist der Chef der Regierung.	☐	☐
Er wird vom Bundespräsidenten vorgeschlagen.	☐	☐
Er wird vom Bundestag gewählt.	☐	☐
Er ernennt die Bundesminister.	☐	☐
Seine Amtszeit dauert 4 Jahre.	☐	☐

3. Was bedeutet Misstrauensvotum?
Informiere dich im Internet oder in einem Lexikon.

____

____

____

____

Die Bundesregierung

Name: ____________________

Datum: ____________________

Die Regierung der Bundesrepublik Deutschland wird auch Bundeskabinett genannt. Sie besteht aus dem Bundeskanzler und den Bundesministern. An der Spitze der Regierung steht der Bundeskanzler.

1. Welche Bundesministerien gibt es?
2. Beschrifte die Grafik.
3. Wer steht an der Spitze?

____
____

Ministerium des …	Ministerium für …	Ministerium des …	Ministerium für …
Ministerium für …	Ministerium der …	Ministerium für …	Ministerium der …
Ministerium für …	Ministerium für …	Ministerium der …	Ministerium für …
	Ministerium für …	Ministerium für …	

4. Benenne die folgenden Ministerien mit ihren Amtsleitern:

a) Bundesministerium des Innern: ____________________

b) Bundesministerium der Finanzen: ____________________

c) Bundesministerium der Verteidigung: ____________________

Der Bundestag

Name: ______________________

Datum: ______________________

Im Bundestag sitzen die vom Volk gewählten Abgeordneten. Die Sitzverteilung regelt sich nach dem Anteil der abgegebenen Stimmen für jede Partei. Hier werden alle wesentlichen politischen Entscheidungen getroffen. Der Bundestag ist Kontrollorgan der Regierung, legt den Bundeshaushalt fest, wählt den Bundeskanzler und ist an der Gesetzgebung beteiligt.

Die folgende Grafik zeigt die Sitzverteilung im 17. Deutschen Bundestag.

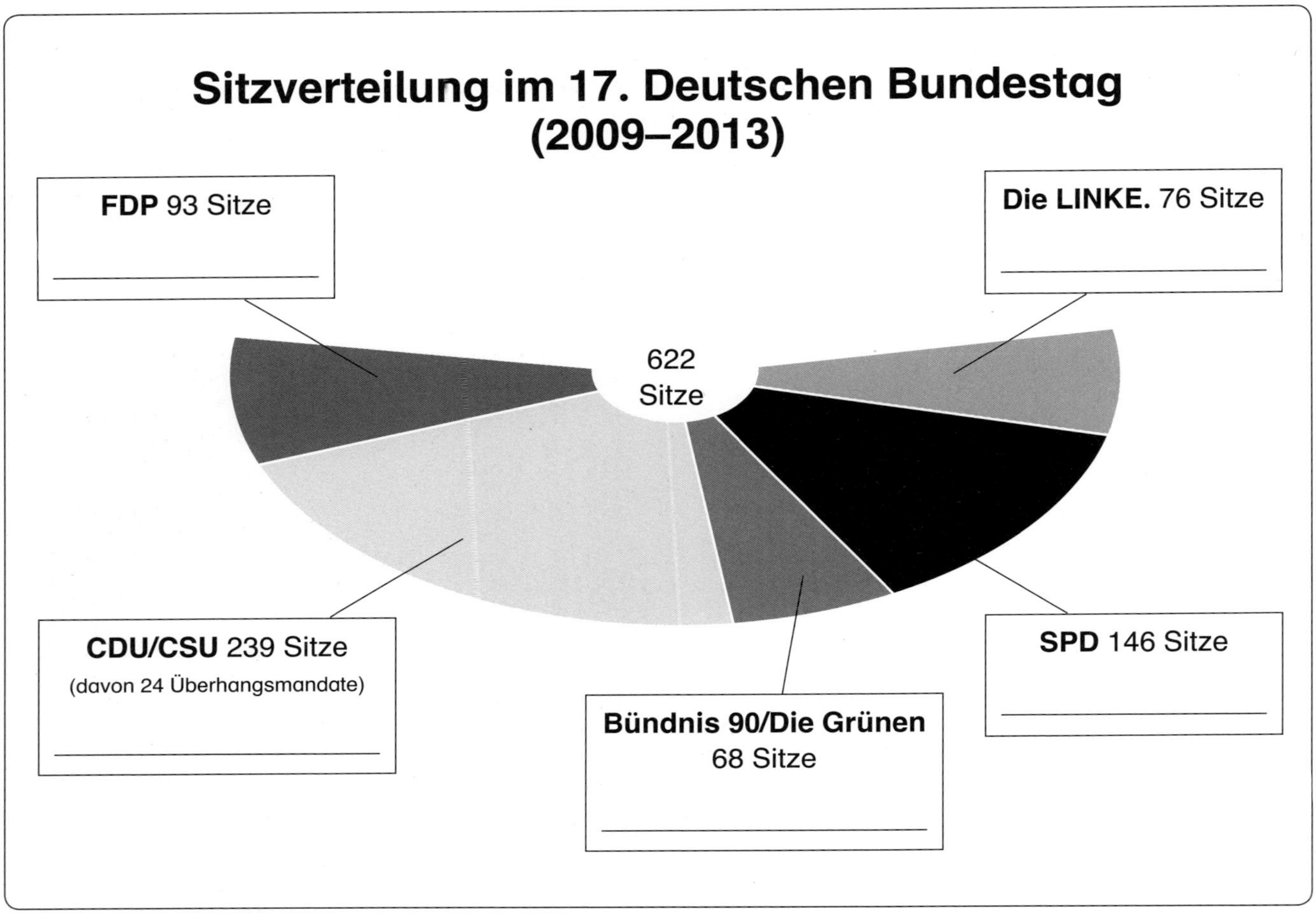

1. **Wie ist die Sitzverteilung im gegenwärtigen Bundestag. Schreibe die Ergebnisse in die Grafik unter die Zahlen aus dem 17. Deutschen Bundestag.**

2. **Welche Parteien sind im gegenwärtigen Bundestag vertreten?**

   ____

3. **Vergleiche die Sitzverteilung beider Deutscher Bundestage miteinander. Notiere deine Ergebnisse:**

   ____

   ____

Der Bundesrat	Name: ______________________
	Datum: ______________________

1. Setze die Begriffe ein.

Gesetzgebung – Bund – Verwaltung – Aufgaben – Interessen

Der Bundesrat hat vielfältige ____________. Er vertritt die ______________ der Bundesländer beim ______. Er ist an der ________________ des Bundes beteiligt und wirkt an der ______________ des Bundes mit.

2. Vermerke auf der Karte mit roten Punkten: nach den Einwohnerzahlen von 2012 für jedes Bundesland die Anzahl der Stimmen im Bundesrat.

Bundesland	**Einwohner-zahlen 2012 in 1000**
Baden-Württemberg	10 569,1
Bayern	12 519,6
Berlin	3 375,2
Brandenburg	2 449,5
Bremen	654,8
Hamburg	1 734,3
Hessen	6 016,5
Mecklenburg-Vorpommern	1 600,3
Niedersachsen	7 779,0
Nordrhein-Westfalen	17 554,3
Rheinland-Pfalz	3 990,3
Saarland	994,3
Sachsen	4 050,2
Sachsen-Anhalt	2 259,4
Schleswig-Holstein	2 806,5
Thüringen	2 170,5

Quelle: http://www.statistik-portal.de/Statistik-portal/de_jb01_jahrtab1.asp

Alle 16 Bundesländer sind im Bundesrat mit drei bis sechs Stimmen vertreten.

Der Stimmenanteil ist abhängig von der jeweiligen Einwohnerzahl des Bundeslandes:

- Weniger als 2 Millionen Einwohner → 3 Stimmen
- 2–6 Millionen Einwohner → 4 Stimmen
- 6–7 Millionen Einwohner → 5 Stimmen
- Mehr als 7 Millionen Einwohner → 6 Stimmen

Der Weg eines Gesetzes (1)

Name: ______________________________

Datum: ______________________________

1. Lies den Text zum Gesetzgebungsverfahren.

Vereinfacht ausgedrückt entsteht ein Gesetz in fünf Schritten.

(1) **Gesetzesinitiative:**
Bundestag, Bundesrat oder Bundesregierung können Gesetzesentwürfe vorschlagen.

(2) **Beratung:**
Diese Gesetzesvorlage geht an den Bundestag. 1. Lesung: Grundsatzdebatte. Dann geht sie in die Ausschüssen des Bundestages, wo sie beraten und bearbeitet bearbeitet wird. 2. Lesung: Bericht über die Ergebnisse.

(3) **Beschlussfassung:**
Drei Lesungen finden zu den Gesetzesentwürfen im Bundestag statt. Der Beschluss der dritten Lesung wird dem Bundesrat mitgeteilt. Dieser diskutiert darüber. Stimmt der Bundesrat zu, kommt das Gesetz zustande.
Besteht keine Einigung von Bundesrat und Bundestag, kann der Vermittlungsausschuss angerufen werden. Hier wird erneut an dem Gesetz gearbeitet und es durchläuft das Verfahren erneut.

(4) **Unterzeichnung:**
Sind sich Bundesrat und Bundesregierung einig, wird das Gesetz von der Bundesregierung (Bundeskanzler und zuständige Minister) gegengezeichnet und anschließend vom Bundespräsidenten unterzeichnet.

(5) **Veröffentlichung:**
Das Gesetz wird im Bundesgesetzblatt verkündet und gilt dann ab dem Tag, der im Gesetz festgeschrieben ist.

2. Skizziere den Weg eines Zustimmungsgesetzes auf dem 2. Arbeitsblatt.

Info: Es gibt einfache Einspruchs- und Zustimmungsgesetze. Bei den einfachen Gesetzen muss der Bundesrat nicht zustimmen, kann aber seine Bedenken anmelden. Bei den Zustimmungsgesetzen muss er zustimmen.

3. Was geschieht, wenn der Bundesrat nach einem Einigungsvorschlag immer noch nicht zustimmt? Recherchiere im Internet.

Der Weg eines Gesetzes (2)

Name: ______________________

Datum: ______________________

Ergänze die Grafik.

Der Weg eines Gesetzes

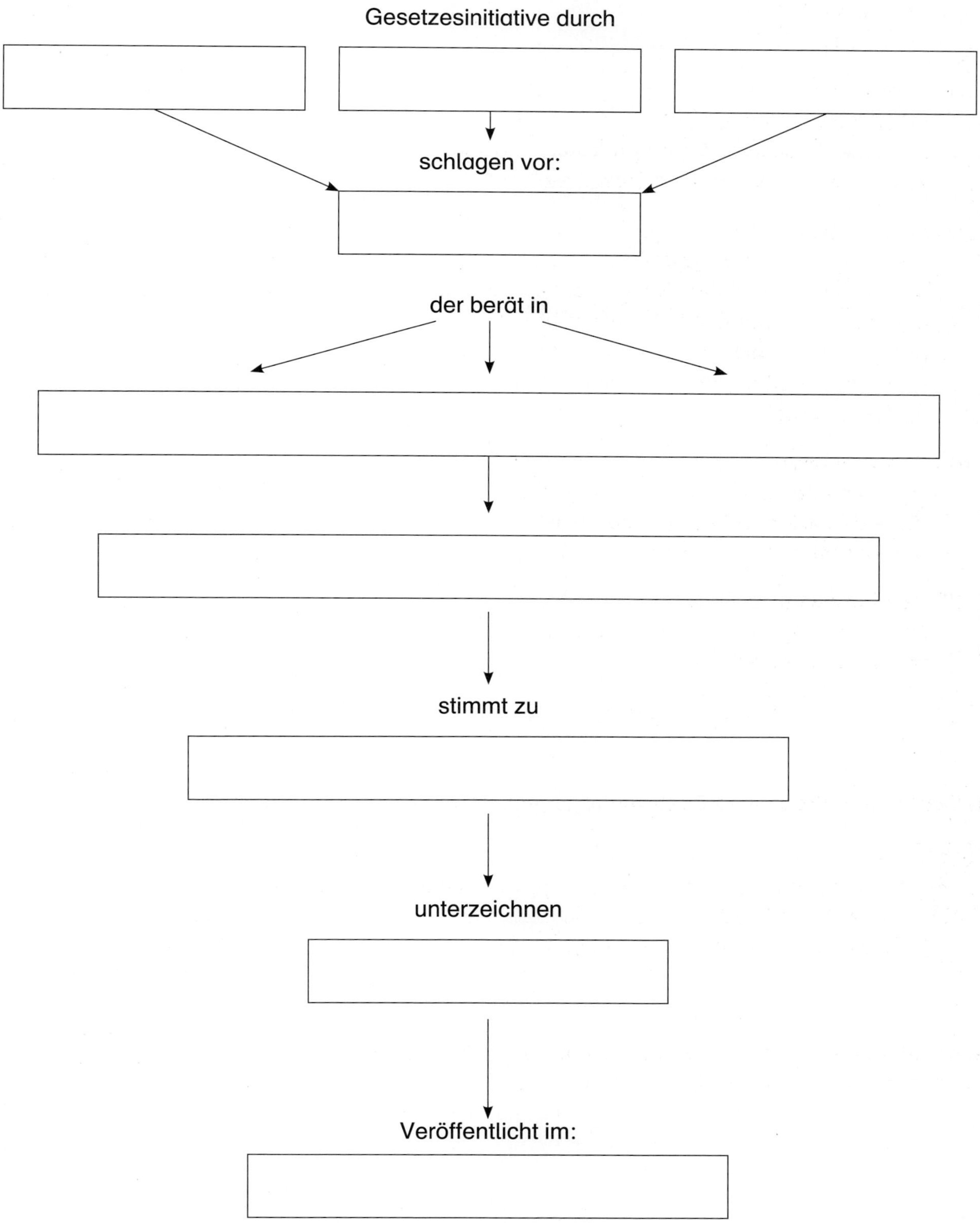

Ergebnissicherung (1)

Name: ______________________

Datum: ______________________

1. Hier haben sich sieben Begriffe zum Thema „föderalistischer Staat“ versteckt. Markiere sie.

Z	Z	K	S	Ö	N	A	T	I	O	N	A	L	H	Y	M	N	E	X	H	G	T	R
X	Y	B	U	N	D	E	S	L	Ä	N	D	E	R	Z	U	R	S	T	V	U	G	H
U	V	W	X	Y	U	V	W	B	U	N	D	E	S	K	A	N	Z	L	E	R	X	Z
W	S	T	T	B	U	N	D	E	S	R	A	T	X	Y	S	A	B	C	D	E	F	G
V	W	U	R	K	L	M	N	O	S	P	A	R	L	A	M	E	N	T	G	F	H	E
D	M	I	N	I	S	T	E	R	U	V	W	X	Y	Z	A	C	T	R	M	Ü	P	W
Z	S	K	A	S	B	D	A	K	K	R	E	I	S	T	A	G	H	I	J	K	O	G

2. Wähle zwei Begriffe aus. Erkläre sie mit eigenen Worten.

1. Begriff

____

____

____

2. Begriff

____

____

____

3. Begrifferätsel. Wenn alles richtig eingetragen ist, ergeben die eingerahmten Kästchen ein Lösungswort.

Wort aus der Nationalhymne →

Symbol im Staatswappen →

Bundesland →

Kontrollorgan der Regierung →

Parlament eines Bundeslandes →

Regierungschef →

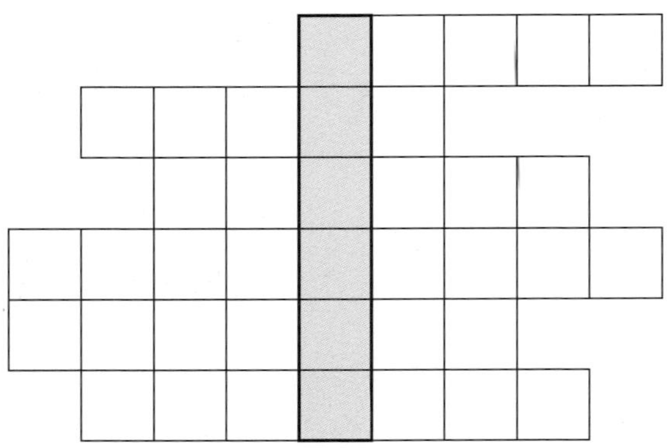

Lösungswort: ______________________

Ergebnissicherung (2)

Name: ____________________

Datum: ____________________

Alles klar? – Das Quiz zum föderalistischen Staat

Schneide die Karten aus. Stelle die Aufgaben einem Mitschüler

Auf dem Bundeswappen ist …

- ☐ ein Drache
- ☐ ein Bär
- ☐ ein Geier
- ☐ ein Adler

Wie heißt das Staatsoberhaupt?

- ☐ Bundestagspräsident
- ☐ Bundespräsident
- ☐ Bundesratspräsident
- ☐ Bundeskanzler

Die Farben der Bundesflagge sind …

- ☐ schwarz-rot-gelb
- ☐ schwarz-gold-rot
- ☐ schwarz-rot-gold
- ☐ rot-gold-schwarz

Die Bundeshauptstadt ist …

- ☐ Berlin
- ☐ Potsdam
- ☐ Frankfurt
- ☐ München

Die erste Bundeshauptstadt nach 1949 war …

- ☐ Frankfurt
- ☐ Bonn
- ☐ München
- ☐ Berlin

Welches Wort steht nicht im Text der Nationalhymne?

- ☐ Frieden
- ☐ Freiheit
- ☐ Glück
- ☐ Glanz

An der Spitze der Regierung steht der …

- ☐ Bundestagspräsident
- ☐ Bundeskanzler
- ☐ Bundespräsident
- ☐ Kaiser

Die Sitzverteilung im Bundestag richtet sich nach …

- ☐ dem Stimmenanteil
- ☐ dem Bundespräsident
- ☐ der Parteifarbe
- ☐ dem Bundeshaushalt

Das Grundgesetz

Name: ______________________

Datum: ______________________

Das Grundgesetz (GG) ist die Verfassung der Bundesrepublik Deutschland.

Ergänze das Schaubild durch folgende Begriffe:

Grundrechte – Grundlagen staatlicher Ordnung – Menschenrechte – Bürgerrechte – alle Menschen in Deutschland – jeden Deutschen – 23. Mai 1949 – Verfassungsorgane – Staatsform – Gesetzgebung und Rechtsprechung – Finanzwesen – Verteidigungsfall

Tipp: Hilfen findest du auch eine Übersicht über die Artikel des Grundgesetzes: http://www.bundestag.de/bundestag/aufgaben/rechtsgrundlagen/grundgesetz/ http://www.gesetze-im-internet.de/bundesrecht/gg/gesamt.pdf

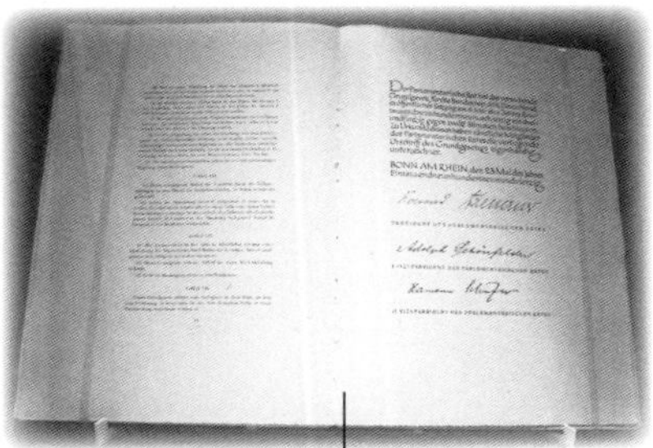

gibt es seit ______________

gliedert sich in

G_ _ _ _r_ _ _ _ _

G_ _ _ _l_g_ _ st_ _ _ _ _ _ _ _ _ _ _ _ _ _ _ _ _ _

unterteilen sich in

M______________ ______________

B______________ ______________

gelten für

Alle ______________ ______________

J______________ ______________

beinhalten

St_ _ _ _ _ _ _ _m

V_ _ _ _ _ _ _ _ _ _ _ _ _ _ _ _

G_s_t_ _ _ _ _ _ _ und R_ _ _ _ _ _ _ _ _ _ _ _g

F_ _ _ _ _ _ _ _ _ _

V_ _ _ _ _ _ _ _ _ _ _ _ _f_ _ _

Arbeit mit dem Grundgesetz

Name: ______________________

Datum: ______________________

Die ersten 19 Artikel im Grundgesetz betreffen die Grundrechte.

1. Lies den Text.

„Wer die Freiheit der Meinungsäußerung, insbesondere die Presse- und Lehrfreiheit, die Versammlungsfreiheit, die Vereinigungsfreiheit, das Brief-, Post- und Fernmeldegeheimnis, das Eigentum oder das Asylrecht zum Kampfe gegen die freiheitliche demokratische Grundordnung missbraucht, verwirkt diese Grundrechte."

2. Schreibe die aufgezählten Schlüsselwörter heraus und finde die entsprechenden Artikelbezeichnungen im Grundgesetzt (GG).

Schlüsselwort	Nummer des Artikels
a)	
b)	
c)	
d)	
e)	
f)	

3. Notiere zu den genannten Artikeln die entsprechenden Überschriften.

Nummer des Artikels	Überschrift
Artikel 1	
Artikel 6	
Artikel 10	
Artikel 12	
Artikel 7	

4. Was ist mit diesem Artikel gemeint? Beschreibe mit eigenen Worten.

„Jedermann hat das Recht, sich einzeln oder in Gemeinschaft mit anderen schriftlich mit Bitten oder Beschwerden an die zuständigen Stellen und an die Volksvertretung zu wenden."

____

____

____

Das Grundgesetz/Fallbeispiele (1)

Name: ______________________

Datum: ______________________

Handlungsfreiheit, Freiheit der Person

Jede Person hat die Freiheit, tun und lassen zu können, was sie will. Stimmt das so?

Grundgesetz, Artikel 2

(1) Jeder hat das Recht auf die freie Entfaltung seiner Persönlichkeit, soweit es nicht die Rechte anderer verletzt und nicht gegen die verfassungsmäßige Ordnung oder das Sittengesetz verstößt.
(2) Jeder hat das Recht auf Leben und körperliche Unversehrtheit. Die Freiheit der Person ist unverletzlich. In diese Rechte darf nur auf Grund eines Gesetzes eingegriffen werden.

1. Lies den Artikel 2 GG.
   a) Unterstreiche die Rechte mit einem grünen Farbstift.
   b) Unterstreiche die Einschränkungen mit einem roten Farbstift.

2. Betrachte die Abbildung.
   a) Schreibe eine Bildüberschrift.
   b) Nimm kritisch zu der Verhaltensweise des Jugendlichen Stellung. Wie versteht er die Handlungsfreiheit und Freiheit der Person?

____

____

____

____

____

____

Fallbeispiel 1:
Ein leidenschaftlicher Raucher hat ständig seine Zigarette brennen, wenn er durch das Treppenhaus eines Mehrfamilienhauses geht. Da das Treppenhaus wenig belüftet ist, zieht der Zigarettenrauch nur schlecht ab. Darauf angesprochen, antwortet er: „Ich habe ein Recht auf freie Entfaltung meiner Persönlichkeit."

3. Was sagst du dazu? Begründe deine Meinung.

____

____

Fallbeispiel 2:
Der Arbeitslose K. sitzt in seiner kleinen Wohnung in einem Wohnblock. Sein Fernsehgerät läuft Tag und Nacht mit voller Lautstärke.

4. Untersuche das Fallbeispiel 2 nach Art. 2 GG. Begründe deine Meinung.

____

____

Das Grundgesetz/Fallbeispiele (2)

Name: ____________________

Datum: ____________________

Glaubens-, Gewissens- und Bekenntnisfreiheit

Grundgesetz, Artikel 4

(1) Die Freiheit des Glaubens, des Gewissens und die Freiheit des religiösen und weltanschaulichen Bekenntnisses sind unverletzlich.

(2) Die ungestörte Religionsausübung wird gewährleistet.

1. Schlage die Bedeutung der folgenden Begriffe in einem Lexikon nach.

Bekenntnis: ____________________

____

Gewissen: ____________________

____

Glaube: ____________________

____

Fallbeispiel 1:

Die 16-jährige Ceylan ist bekennende Muslimin. Sie trägt immer und überall ein Kopftuch aus religiöser Überzeugung. Während einer Klassenfahrt wird ihr das Tragen des Kopftuches im Speisesaal der Jugendherberge durch die Herbergseltern untersagt.

____

____

2. Wie denkst du darüber? Begründe deine Meinung. Schreibe ins Heft.

Fallbeispiel 2:

Frau M. arbeitet als Sekretärin im Ordnungsamt einer Gemeinde. Sie beschließt, aus der Kirche auszutreten. Ihre Kolleginnen und Kollegen halten diesen Schritt nicht für gut. Sie argumentieren, dass ein Mensch in dieser Position einen solchen Schritt nicht machen kann und wollen nichts mehr mit ihr zu tun haben.

____

3. Wie ist deine Meinung zu diesem Fall? Begründe sie.

Fallbeispiel 3:

Alex ist 15 Jahre alt und hat beschlossen, nicht mehr am Religionsunterricht in der Schule teilzunehmen. Seine Eltern können es nicht fassen. Sie haben ihn streng religiös erzogen und wollen, dass er weiter am Religionsunterricht teilnimmt.

4. Versetze dich in Alex' Lage. Wie würdest du gegenüber seinen Eltern argumentieren? Notiere.

____

Das Grundgesetz/Fallbeispiele (3)

Name: ______________________

Datum: ______________________

Versammlungsfreiheit

Fallbeispiel 1:
Bei einer Demonstration in einer deutschen Großstadt versammelten sich über 900 Menschen eines großen Unternehmens auf dem Rathausplatz und marschierten anschließend durch die Straßen. Sie demonstrierten für bessere Arbeitsbedingungen und höhere Löhne. Mit Sprechchören und Plakaten zogen sie anschließend friedlich durch die Straßen. Dabei kam es allerdings zu erheblichen Verkehrsbehinderungen in der Innenstadt. Die Polizei musste aber nicht einschreiten.

Grundgesetz, Artikel 8

(1) Alle Deutschen haben das Recht, sich ohne Anmeldung oder Erlaubnis friedlich und ohne Waffen zu versammeln.
(2) Für Versammlungen unter freiem Himmel kann dieses Recht durch Gesetz oder auf Grund eines Gesetzes beschränkt werden.

1. Unterstreiche in Artikel 8 GG, wozu alle Deutschen das Recht haben.

2. Welche Einschränkungen nennt der Artikel?

____

3. Lies das Fallbeispiel. Beantworte mithilfe des Artikels 8 GG die Frage: Was machen diese Menschen richtig? Begründe deine Meinung.

____

Fallbeispiel 2:
In einer Kleinstadt in Nordrhein-Westfalen protestieren rund 200 Menschen auf dem Marktplatz gegen laufende Baumaßnahmen in ihrem Stadtteil. Häuser werden abgerissen, um neue Eigentumswohnungen zu erstellen oder die alten Wohnungen zu sanieren. Dadurch steigen die Mietpreise enorm an. Die bisherigen Bewohner können sich das nicht leisten und müssen ausziehen. Niemand kann später sagen, wie es gekommen ist. Plötzlich schlägt die Demonstration in Gewalt um. Einige Protestler reißen die Bauzäune ein, zerstören Fensterscheiben und schießen mit Leuchtmunition. Die herbeigerufene Polizei wird mit Steinen empfangen und mit Flaschen beworfen. Sie geht mit Schlagstöcken auf die Demonstranten los. Insgesamt werden rund 30 gewaltbereite und teilweise vermummte Demonstranten von der Polizei festgenommen.

4. Unterstreiche im Fallbeispiel 2 folgende Punkte farbig:
   a) Wogegen protestieren die Menschen? Benutze Blau.
   b) Wie verhalten sich einige der Demonstranten? Benutze Rot.
   c) Was unternimmt die Polizei? Benutze Grün.

5. Gegen welches Recht haben die Demonstranten verstoßen? Begründe deine Meinung schriftlich.

____

____

Grundrechte

Name: ______________________

Datum: ______________________

Einen wesentlichen Bestandteil der freiheitlichen demokratischen Grundordnung bilden die Grundrechte. Damit verbunden sind die ersten 19 Artikel des Grundgesetzes. Grundrechte schützen den einzelnen Bürger vor der Willkür des Staates. Sie sind für die drei Gewalten Legislative, Exekutive und Judikative bindend.
Die Grundrechte werden unterschieden in Bürgerrechte und Menschenrechte.
Bürgerrechte sind diejenigen Rechte, auf die nur deutsche Staatsbürger Anspruch haben. Menschenrechte sind diejenigen Rechte, auf die jeder Mensch oder alle Menschen unabhängig von ihrer Staatsangehörigkeit Anspruch haben.
Bei den Menschenrechten kommen auch allgemeine Formulierungen zum Schutz eines Bereichs vor. Menschenrechte werden auch durch die Menschenrechtskonvention geschützt.

1. **Lies folgende Artikel des Grundgesetzes.**
   Achte auf die Formulierung zu Beginn: Art. 2, Abs. 1 / Art. 3, Abs. 1 / Art. 5, Abs. 1 / Art. 8, Abs. 1 / Art. 9, Abs. 1 / Art. 11, Abs. 1 / Art. 14 / Art. 16, Abs. 2

2. **Ordne sie zu.**

Bürgerrecht	Menschenrecht

3. **Begründe deine Zuordnung.**

____

____

____

4. **Lies Art. 12 gründlich durch. Notiere, was dir auffällt.**

____

____

5. **In Art. 16 der Allgemeinen Menschenrechte der Vereinten Nationen heißt es:**
   „Recht auf Eheschließung und Familie". Lies nach unter:
   www.menschenrechte.jugendnetz.de/index.php?id=65

   Welchem Grundrecht im Grundgesetz entspricht das? ______________________

6. **Warum ist Art. 7, Abs. 2 ein Menschenrecht?** ______________________

7. **Wie lautet der entsprechende Artikel in der Menschenrechtskonvention?**

____

Gewaltenteilung

Name: ______________________

Datum: ______________________

1. Nimm das Grundgesetz zur Hand und notiere den Artikel 20, Absatz 2.

GRUNDGESETZ

____

____

______________ Gewalt	______________ Gewalt	______________ Gewalt

2. Lies den Text.

Es gibt die **gesetzgebende** Gewalt (Legislative). Sie beschließt die Gesetze. Zu ihr zählen der Bundestag, der Bundesrat und die Parlamente der Länder. Eine weitere Gewalt ist für die Umsetzung der Gesetze zuständig. Sie wird deshalb auch **vollziehende** Gewalt (Exekutive) genannt. Zu ihr gehören die Bundesregierung, die Landesregierungen, Kreisverwaltungen und Stadt- und Gemeindeverwaltungen. Die dritte Gewalt ist für die Überwachung der Gesetze verantwortlich. Sie wird **rechtsprechende** Gewalt (Judikative) genannt. Zu ihr gehören alle Gerichte.

3. Ordne die fettgedruckten Wörter den Symbolen der Grafik zu. Notiere sie darunter.

4. Was ist richtig, was ist falsch? Kreuze an.

	Richtig	Falsch
Die Länderparlamente können Gesetze beschließen.	☐	☐
Die Bundesregierung ist für die Überwachung der Gesetze verantwortlich.	☐	☐
Die Gerichte gehören zur vollziehenden Gewalt.	☐	☐
Die gesetzgebende Gewalt ist für die Umsetzung der Gesetze zuständig.	☐	☐
Zur gesetzgebenden Gewalt zählt die Bundesregierung.	☐	☐

Rechtsordnung

Name: ______________________

Datum: ______________________

Ob gegen bestehende Gesetze verstoßen wurde und welche Strafen daraufhin ausgesprochen werden, entscheiden unabhängige Richter an den entsprechenden Gerichten.

1. Lies den Text.

Die Gerichtsorganisation gliedert sich in Amtsgericht, Landgericht, Oberlandesgericht und Bundesgerichtshof. Sie sind zuständig für Zivil- und Strafprozesse.

Zivilprozesse beinhalten Verfahren, die im privaten Bereich angesiedelt sind, wie z. B. Mietstreitigkeiten, Erbrechtsangelegenheiten, Schadenersatzansprüche oder Scheidungen.

Strafprozesse werden eingeleitet, wenn jemand gegen ein Gesetz verstößt. Sie schützen Rechtsgüter wie zum Beispiel Eigentum oder Leben. Dazu zählen Diebstahl, Raub, Totschlag, Mord.

Das Amtsgericht (AG) ist in der 1. Instanz zuständig bei einem Streitwert bis 5000 € oder einer zu erwartenden Freiheitsstrafe bis zu 4 Jahren. Das Landgericht ist grundsätzlich in erster Instanz bei Verfahren mit einem Streitwert über 5000 € oder bei schweren Vergehen ab einer Straferwartung von über 4 Jahren zuständig. Legt eine Person gegen ein Urteil des Amtsgerichts Berufung ein, dann wird in 2. Instanz am Landgericht verhandelt.

Das Oberlandesgericht (OLG) ist zuständig bei Beschwerden gegen Urteile des Landgerichts und verhandelt Strafprozesse bei Staatsschutzdelikten, wie z. B. Landesverrat oder Bildung von terroristischen Vereinigungen. Legt eine Person Revision gegen ein Urteil des Oberlandesgerichts ein, d. h. er lässt das Urteil überprüfen, dann ist der Bundesgerichtshof (BGH) zuständig.

2. Skizziere auf einem Extrablatt den Gerichtsaufbau in der Bundesrepublik Deutschland.

3. Welches Gericht ist zuständig?

a) Der Angeklagte H. wird der schweren Körperverletzung beschuldigt. Er soll sein Opfer mehrmals mit seinen Stiefeln an den Kopf getreten haben, als es am Boden lag. Experten erwarten eine Freiheitsstrafe von 14 Monaten.

Zuständig ist: ______________________

b) Der Angeklagte S. hatte von einer Autobahnbrücke eine schwere Eisenstange auf die Fahrbahn geworfen und damit Leib und Leben anderer gefährdet. Er wurde zu 4 Jahren und 9 Monaten Freiheitsentzug verurteilt. Dagegen legte er mit seinem Anwalt Berufung ein.

Welches Gericht war zuständig? ______________________

Wer verhandelt den Fall erneut? ______________________

Politische Parteien

Name: ______________________

Datum: ______________________

In der Bundesrepublik Deutschland bestimmen die politischen Parteien größtenteils das politische Geschehen. Parteien sind Vereinigungen von Bürgerinnen und Bürgern der Bundesrepublik Deutschland mit gleichen Interessen. Sie versuchen, ihre politischen Vorstellungen durchzusetzen. Dies wiederum geht nur mit Unterstützung der Wählerinnen und Wähler, die durch Wahlen die Volksvertreter dazu beauftragen. Die Parteien wiederum bestimmen ihre Kandidaten für die jeweiligen politischen Ämter.
Parteien sind in der Verfassung erwähnt. Dort heißt es in Artikel 21, Absatz 1, Grundgesetz:

> „Die Parteien wirken bei der politischen Willensbildung des Volkes mit."

1. Schlage im Grundgesetz nach und schreibe den Absatz 1 mit deinen Worten zu Ende.

____

____

2. Schreibe die Kurzbezeichnung der Parteien in die Tabelle.
Derzeit sind im Deutschen Bundestag folgende Parteien vertreten:

Partei	Kurzbezeichnung
Christlich Demokratische Union Deutschlands	
Christlich Soziale Union	
Sozialdemokratische Partei Deutschlands	
Freie Demokratische Partei	
Bündnis 90/Die Grünen	
Die Linke	

Außerhalb des Deutschen Bundestages ist derzeit noch die Piratenpartei zu erwähnen. Bisher ist diese Partei in einigen Landesparlamenten vertreten.

3. In welchen Landesparlamenten ist die Piratenpartei derzeit vertreten?

____

4. Welche Partei(en) hat/haben in deinem Bundesland die Regierungsverantwortung?

____

5. Informiere dich, welche Partei(en) in deiner Gemeinde das Sagen hat/haben.

Marie Bludau/Karsten Paul: Politik handlungsorientiert: Deutschland

Jugendorganisationen der Parteien

Name: ______________________

Datum: ______________________

Viele Parteien haben Jugendorganisationen.

1. **Informiere dich im Internet unter:**
   http://de.wikipedia.org/Liste_von_Jugendorganisationen_in_Deutschland

2. **Schreibe nun die Namen der Jugendorganisationen mit dem jeweiligen Gründungsjahr von folgenden Parteien auf.**

Mutterpartei	Jugendorganisation	Gründungsjahr
CDU/CSU		
SPD		
FDP		
Bündnis 90/Die Grünen		
Die Linke		

Die Jugendorganisationen vertreten die Anliegen der Jugendlichen in den Parteien. Sie werben auch für neue Mitglieder. Jugendorganisationen haben besseren Kontakt zu den Jungwählern. Sie versuchen, die Jugendlichen dort zu erreichen, wo sie sich gern aufhalten bzw. in Kontakt zu ihnen zu treten: z. B. in Kneipen, Internet-Cafés oder Sozialen Netzwerken wie Facebook. Sie bieten Workshops zu politisch aktuellen Themen an und wollen mit den Jugendlichen ins Gespräch kommen. Sie leisten wichtige Überzeugungsarbeit für die Parteien: dass jeder Mensch etwas bewegen kann, wenn er sich politisch engagiert.

3. **Notiere in Stichpunkten die allgemeinen Ziele der Jugendorganisationen.**

____

____

4. **Jede Jugendorganisation der Parteien hat ein Grundsatzprogramm bzw. Zielsetzungen.**
   a) Bildet Gruppen. Recherchiert im Internet, wie diese Grundsatzprogramme lauten.
   b) Vergleicht sie miteinander. Welche Gemeinsamkeiten lassen sich erkennen, welche Unterschiede?

Links:

http://www.junge-union.de/media/resolutions/954871_Grundsatzprogramm_2012_final.pdf
www.gruene-jugend-nrw.de/portrait/grundsatzprogramm/
www.julis.de/wir-julis/ueber-uns/satzung.html
www.jusos-wug.de/index.php?mod=content&menu=7&page_id=11746
www.linksjugend-solid.de/positionen/programm/

Parteiprogramme untersuchen

Name: ______________________

Datum: ______________________

Alle Parteien haben Grundsatzprogramme. Darin legen sie ihre jeweiligen Ziele fest.

1. Besorgt euch die Parteiprogramme aller im Bundestag vertretenen Parteien.

2. Legt sie im Klassenraum so aus, dass sie auch bearbeitet werden können.

3. Bestimmt für die Arbeitsphase Themenschwerpunkte, zum Beispiel:
- Bildungspolitik
- Umweltpolitik
- Rentenpolitik
- Gesundheitspolitik
- Verteidigungspolitik

4. Bildet Kleingruppen von 2–3 Schülerinnen und Schülern.

5. Untersucht nun alle Parteiprogramme nach ihren Aussagen zu euren vorher festgelegten Themenschwerpunkten.

6. Erstellt eine Tabelle und tragt dort alle Ergebnisse zu den einzelnen Parteien ein.

Beispiel für eine Tabelle:

	Bildungspolitik	**Umweltpolitik**	**Verteidigungspolitik**
Partei 1:			
Partei 2:			
Partei 3:			
Partei 4:			

7. Vergleicht zum Schluss die Ergebnisse.

Gründung einer Partei

Name: ______________________

Datum: ______________________

Jeder mündige Bürger besitzt das Recht, eine Partei zu gründen.

1. Welcher Artikel aus dem Grundgesetz passt zu diesem Vorhaben?

____

2. Bildet Gruppen zu 3–4 Personen und gründet eine Partei.

3. Euer Leitfaden zur Gründung:

a) Stellt Vorüberlegungen an:
- Weshalb wollt ihr diese Partei gründen?
- Gibt es schon grobe Ziele oder Inhalte, die ihr vertreten wollt?

b) Beruft eine Gründungsversammlung ein. Haltet dabei alle Ergebnisse in einem Protokoll fest (zum Beispiel Anwesenheitsliste, Beginn, Ende …).

c) Ihr braucht einen Namen. Dieser darf aber keiner schon vorhandenen Partei ähnlich sein.

d) Wie ist die Kurzbezeichnung eurer Partei?

e) Ihr braucht ein Parteiprogramm mit euren grundsätzlichen Forderungen und Zielen.

f) Ihr braucht einen Vorstand. Dazu zählen Vorsitzende(r), Stellvertreter/-in, Schriftführer/-in, Kassenwart.
Haltet die Ergebnisse namentlich im Protokoll fest.

g) Gestaltet einen Flyer mit eurem Parteiprogramm.

h) Entwerft für eure Partei ein Wahlplakat.

4. Stellt eure Partei anschließend in der Klasse vor.

5. Bewertet eure Ergebnisse.

Die Opposition

Name: ______________________

Datum: ______________________

Alle Parteien, die nicht zur Regierung im Bund oder den Ländern gehören, nennt man Oppositionsparteien.

1. Was heißt „Opposition“? Schlage im Lexikon nach und notiere dein Ergebnis.

2. Lies und beantworte die Fragen schriftlich.

> Die Parteien in der Opposition sind zwar gewählt, stellen aber nicht die Regierung. Sie vertreten zum Teil andere Inhalte als die Regierungsparteien. Die Opposition hat allgemein drei wichtige Aufgaben: Sie kontrolliert die Regierung, sie kritisiert die Regierung und vertritt ihre eigenen Vorstellungen in der Öffentlichkeit.

a) Welche Aufgaben hat die Opposition? Notiere in Stichworten.

b) Welche Parteien stellen zurzeit die Opposition im Deutschen Bundestag?

3. Markiere im Text alle vorgestellten Kontrollmöglichkeiten der Opposition.

> Die Opposition hat verschiedene Möglichkeiten, die Regierung zu kontrollieren und sich in die parlamentarische Arbeit einzubringen.
>
> → Sie kann die sogenannte Aktuelle Stunde nutzen, um eine mögliche weitere Aussprache über ein vorher schon angesprochenes Thema von allgemein aktuellem Interesse zu debattieren.
>
> → Bei einer Kleinen Anfrage haben so viele Abgeordnete das Recht „schriftlich von der Bundesregierung Auskunft über bestimmte Sachverhalte [...] zu verlangen. Die Antwort erfolgt schriftlich und wird im Bundestag nicht beraten.
>
> Quelle: https://www.bundestag.de/service/glossar/K/kleine_anfrage.html
>
> → In einer Großen Anfrage „können Abgeordnete Auskunft und Rechenschaft von der Bundesregierung zu politischen Fragen und Sachverhalten verlangen. Sie zählt zu den stärksten parlamentarischen Instrumenten der Regierungskontrolle, weil die Antwort der Regierung auf die Große Anfrage öffentlich im Plenum diskutiert werden kann. Eine Große Anfrage kann von einer Bundestagsfraktion oder mindestens fünf Prozent aller Abgeordneten gestellt werden. Nachdem die Regierung die Große Anfrage schriftlich beantwortet hat, wird sie im Plenum debattiert.“
>
> Quelle: https://www.bundestag.de/service/glossar/G/grosse_anfrage.
>
> → Ein Untersuchungsausschuss ist das „schärfste Schwert der Opposition“ (http://www.bundestag.de/dokumente/textarchiv/2010/29580373_untersuchungsausschuesse/index.html) und kann auf Antrag gebildet werden. Dazu muss mindestens ein Viertel der Mitglieder im Bundestag zugestimmt haben. Er untersucht Sachverhalte, die von großem öffentlichen Interesse sind und aufgeklärt werden sollen. Der Ausschuss kann Akteneinsicht verlangen. Er kann Zeugen vernehmen. Zum Abschluss legt er dem Bundestag seine Ergebnisse schriftlich vor.

4. Recherchiere: Warum ist der Untersuchungsausschuss die schärfste Waffe der Opposition?

a) Suche nach Beispielen und Erklärungen.

b) Trage deine Ergebnisse vor.

Wahlen zum Deutschen Bundestag

Name: ______________________________

Datum: ______________________________

Wahlen sind wesentlicher Bestandteil eines demokratischen Staates. Bundestagswahlen finden alle vier Jahre statt. Dann wählt das Volk seine Vertreter, die Abgeordneten des Deutschen Bundestages. Bundestagswahlen werden nach dem personalisierten Verhältniswahlrecht durchgeführt. Es besteht aus dem System der Mehrheitswahl und dem der Verhältniswahl. Das Mehrheitswahlrecht findet Anwendung bei der Abgabe der Erststimme, das Verhältniswahlrecht zählt bei der Zweitstimme.

1. Was bedeutet personalisiertes Verhältniswahlrecht?

____

____

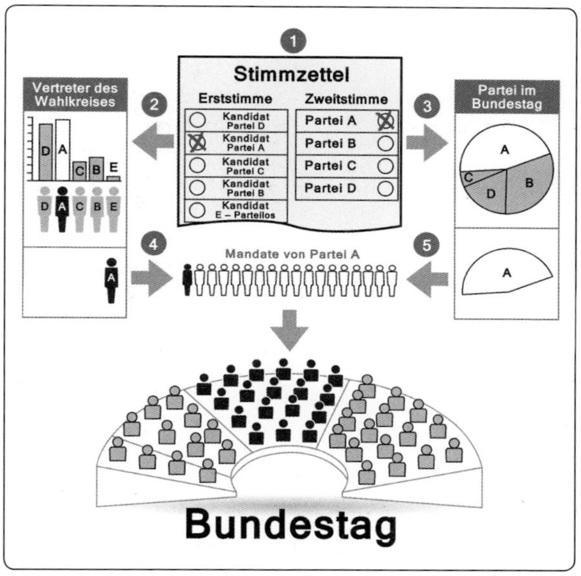

Jeder Wähler hat zwei Stimmen. Mit der Erststimme wählt er den Direktkandidaten aus dem Wahlkreis, in dem er wohnt. Wer die meisten Erststimmen aus einem Wahlkreis bekommt, zieht in den Bundestag ein. Mit der Zweitstimme wählt er die politische Partei. Sie entscheidet über die Anzahl der Sitze einer Partei im Deutschen Bundestag. Die Parteien müssen aber mindestens fünf Prozent der Zweitstimmen erhalten, um in den Bundestag einzuziehen.
Erreicht eine Partei mehr als 50 Prozent der abgegebenen Stimmen bei der Wahl, dann hat sie die absolute Mehrheit. Sie kann allein regieren. Schafft es keine Partei, dann müssen sich Parteien als Koalition zusammenschließen. Die anderen Parteien sind dann in der Opposition.

2. Betrachte das Schaubild und vergleiche es mit dem Text. Kreuze an.

	Richtig	Falsch
Jeder Wähler hat zwei Stimmen.	☐	☐
Mit der Erststimme wird die Partei gewählt.	☐	☐
Kandidat D ist als Direktkandidat aus dem Wahlkreis gewählt.	☐	☐
Mit der Zweitstimme wurde die Partei A in den Bundestag gewählt.	☐	☐
Die Partei A hat die absolute Mehrheit erreicht.	☐	☐
Partei C ist nicht im Bundestag vertreten.	☐	☐

Ablauf einer Wahl

Name: ______________________

Datum: ______________________

1. Ergänze den Satz. Lies im Grundgesetz nach.
Wahlen laufen nach ganz bestimmten Wahlrechtsgrundsätzen ab. Diese sind im Grundgesetz § 38 festgeschrieben. Dort heißt es in Absatz 1:

„Die Abgeordneten des Deutschen Bundestages werden in

____ Wahl gewählt."

2. Welcher Wahlrechtsgrundsatz trifft auf die folgende Erklärung zu?

Erklärung	Wahlrechtsgrundsatz
Die Abgeordneten werden vom Volk direkt gewählt.	
Es darf kein Druck auf die Wählerinnen und Wähler ausgeübt werden.	
Niemand darf beim Wählen beobachtet werden.	
Alle Staatsbürgerinnen/Staatsbürger dürfen wählen, soweit sie die allgemeinen Voraussetzungen dafür erfüllen.	
Jede abgegebene Stimme zählt gleich viel.	

3. Lies den Text. Schreibe den Ablauf einer Wahl am Wahltag auf. Benutze dazu einige der fettgedruckten Wörter.

Herr S. berichtet: „Genau zum letzten Termin, 21 Tage vor dem Wahltag, hatten wir die **Wahlbenachrichtigung** erhalten. Darin standen der **Wahltermin** und die Adresse des **Wahllokals**. Meine Frau war am Wahltag verhindert. Sie hat deshalb **Briefwahl** beantragt. Im Wahllokal erhielt ich gegen Vorlage meines Personalausweises und meiner Wahlbenachrichtigung den **Stimmzettel**. In der **Wahlkabine** habe ich auf dem Stimmzettel meine Kreuze gesetzt. Anschließend steckte ich ihn zusammengefaltet in die **Wahlurne**."

________________ → ________________ → ________________

→ ________________ → ________________

4. Welche Möglichkeit zum Wählen hat eine Person, die am Wahltag verhindert ist? Recherchiere.

____

____

Wahlplakate betrachten und gestalten

Name: ______________________

Datum: ______________________

Wenn Wahlkampf ist, hängen oder stehen überall Wahlplakate. Sie sollen ins Auge springen und besonders „plakativ" die Botschaft der jeweiligen Partei transportieren. Sie sind auf Wirkung hin angelegt und sollen sich im Kopf des Betrachters festsetzen.

Wahlplakate sind ganz unterschiedlich gestaltet, um ihr Ziel zu erreichen.
Sie können folgende Schwerpunkte haben:

> ein bestimmtes Thema – den Spitzenkandidaten der Partei – einen lustigen Comic – einen originellen Slogan – eine unverbindliche Aussage – eine einprägsame Bildidee – eine auffallend farbige Gestaltung

1. Besorgt euch Wahlplakate der im Bundestag/Landtag vertretenen Parteien.
Ihr bekommt sie in den jeweiligen Parteibüros. Adressen findet ihr im Örtlichen Telefonverzeichnis unter dem Namen der Partei.

a) Bildet Gruppen. Wählt die Plakate einer Partei.

b) Untersucht sie nach folgenden Kriterien:
- Wer wirbt auf dem Plakat?
- Welches Thema wird hervorgehoben und wie wird es dargestellt?
- Worauf wird der Blick des Betrachters gelenkt?
- Wie wird das Wichtige dargestellt?
- Welche Farben beherrschen das Plakat? Welche Bedeutung könnten sie haben?
- Gibt es Textblöcke, einzelne Überschriften, Bilder, Grafiken? Warum hat man diese gewählt?
- Welche Gefühle spricht es an?
- Repräsentiert das Plakat das Wahlprogramm angemessen?
- Wie wirkt das Plakat auf dich?

c) Stellt eure Ergebnisse vor.

d) Vergleicht sie mit den Ergebnissen der anderen Gruppen.

2. Ihr seid in einer Werbeagentur beschäftigt und erhaltet den Auftrag, für eine Partei ein Wahlplakat zu entwerfen.

a) Bildet dazu Gruppen.

b) Folgende Überlegungen solltet ihr bei der Gestaltung berücksichtigen:
- Alle unter Aufgabe 1 genannten Punkte solltet ihr bedenken.
- Wen wollt ihr mit dem Plakat besonders ansprechen?
  (z. B.: Erstwähler, Seniorinnen/Senioren, Frauen, alle Wähler …)
- Welche Botschaft soll im Vordergrund stehen?
- Welche Stilmittel wollt ihr einsetzen? (Farbe, Schrifttypen, Fotos)

Interessenvertretungen

Name: ______________________

Datum: ______________________

1. Lies den Text sorgfältig. Markiere alle gesellschaftlichen Bereiche, in denen Interessenvertretungen arbeiten.

Politik wird nicht nur von Politikern auf den verschiedenen politischen Ebenen wie Bund, Land oder Kommune gemacht, auch von Nichtregierungsorganisationen. Sie sind ein wichtiges Instrument der Mitbestimmung und politischen Einflussnahme. Nichtregierungsorganisationen sind Interessenvertretungen von Einzelpersonen, Gruppen, Unternehmen oder Institutionen.

Artikel 9, Absatz 1 des Grundgesetzes schützt diese Interessenvertretungen.

2. Lies im Grundgesetz nach und notiere den Inhalt.

____

____

Viele Bürger gehören einer Interessenvertretung an. Sie versuchen, die Interessen ihrer Mitglieder zu vertreten und entsprechend in der Öffentlichkeit, in Parteien, in Parlamenten, in Vereinen oder anderen Organisationen durchzusetzen. Interessenvertretungen gibt es in unterschiedlichen Bereichen unserer Gesellschaft. Sie unterteilen sich in verschiedene Gruppen.

3. Nenne Beispiele für diese Interessenvertretungen. Recherchiere.

Interessenvertretungen	Beispiele
im Wirtschafts- und Arbeitsbereich	
im sozialen Bereich	
im Bereich Freizeit und Erholung	
in den Bereichen Kultur und Wissenschaft	
in den Bereich mit ideellen und gesellschaftspolitischen Zielen	

4. Notiere die allgemeinen Ziele aller Interessengemeinschaften.

____

____

Bürgerbeteiligung (1)	Name: ______ Datum: ______

Folgende Szene: Bürger einer Gemeinde ärgern sich über den ständigen Verkehrslärm in ihrem Ort. Sie treffen sich zu einer Informationsveranstaltung im Gemeindehaus.

1. Lies, was besprochen wurde.

Leiter der Veranstaltung: Liebe Bürgerinnen und Bürger. Ich freue mich über das große Interesse. Es geht um den Schutz unserer Gemeinde vor dem Verkehrslärm. Wir brauchen eine Umgehungsstraße.

Zwischenrufer: Gut! Was können wir machen? Ich bin hierhergekommen, um genaue Informationen darüber zu erhalten.

Leiter: Deswegen sind wir hier! Lasst uns gemeinsam überlegen, wie wir aktiv werden und uns politisch Gehör verschaffen können.

Sprecher 1: Wir sollten Gespräche mit Politikern der Kommune aufnehmen. Die können den Kontakt auf politischer Ebene herstellen und unsere Forderungen unterstützen.

Sprecher 2: Lasst uns zu dem Problem eine Unterschriftensammlung durchführen. Das zeigt eine große Unterstützung in der Bevölkerung und macht Eindruck bei den Politikern.

Sprecher 1 noch einmal: Einverstanden! Zusätzlich sollten wir auch durch einen Leserbrief in der örtlichen Zeitung über unser Vorhaben informieren.

Leiter: Das waren schon viele gute Vorschläge. Gibt es noch weitere Ideen, wie wir uns politisch beteiligen könnten?

Sprecher 3: Ich schlage vor, wir fertigen Spruchbänder an und hängen diese an unseren Häusern entlang der Durchgangsstraße auf.

Sprecher 2 wieder: Ich finde, wir sollten eine Demonstration organisieren.

Sprecher 4: Ich werde mich einfach einmal über Facebook mit anderen Personen darüber austauschen.

Sprecher 5: Wie wäre es denn mit einem Informationsstand auf dem Marktplatz?

Sprecher 6: Alles gute Ideen. Was haltet ihr denn davon, wenn wir in unserer Bürgerinitiative eine Arbeitsgruppe bilden? Die kann unsere Ideen aufgreifen und daraus konkrete Maßnahmen erarbeiten.

2. Notiere die im Text genannten Möglichkeiten für eine Bürgerbeteiligung.

______

______

3. Welche Möglichkeiten gibt es außerdem noch für eine Bürgerbeteiligung?

______

______

Bürgerbeteiligung (2)

Name: ______________________

Datum: ______________________

4. Finde heraus, welche Artikel des Grundgesetzes eine politische Einflussnahme vorsehen.

____

5. Fertige zwei Entwürfe für Spruchbänder an, die in dieser Gemeinde aufgehängt werden könnten.

Entwurf 1:

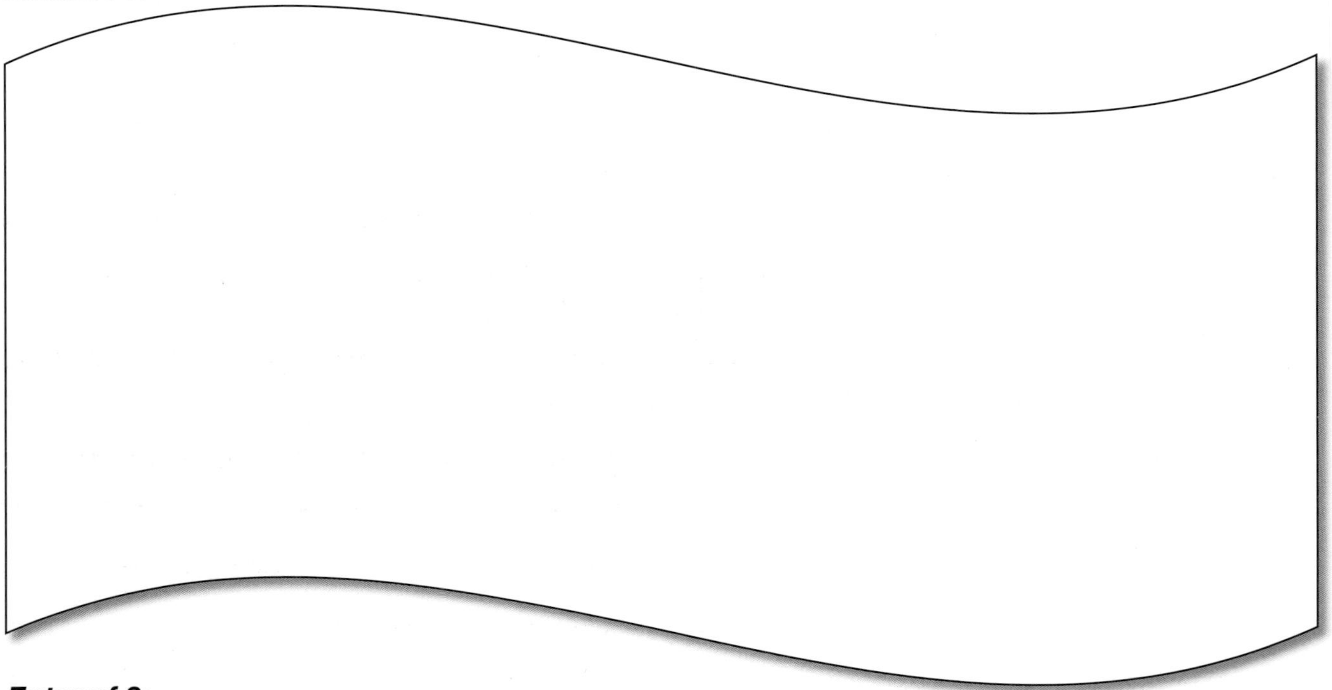

Entwurf 2:

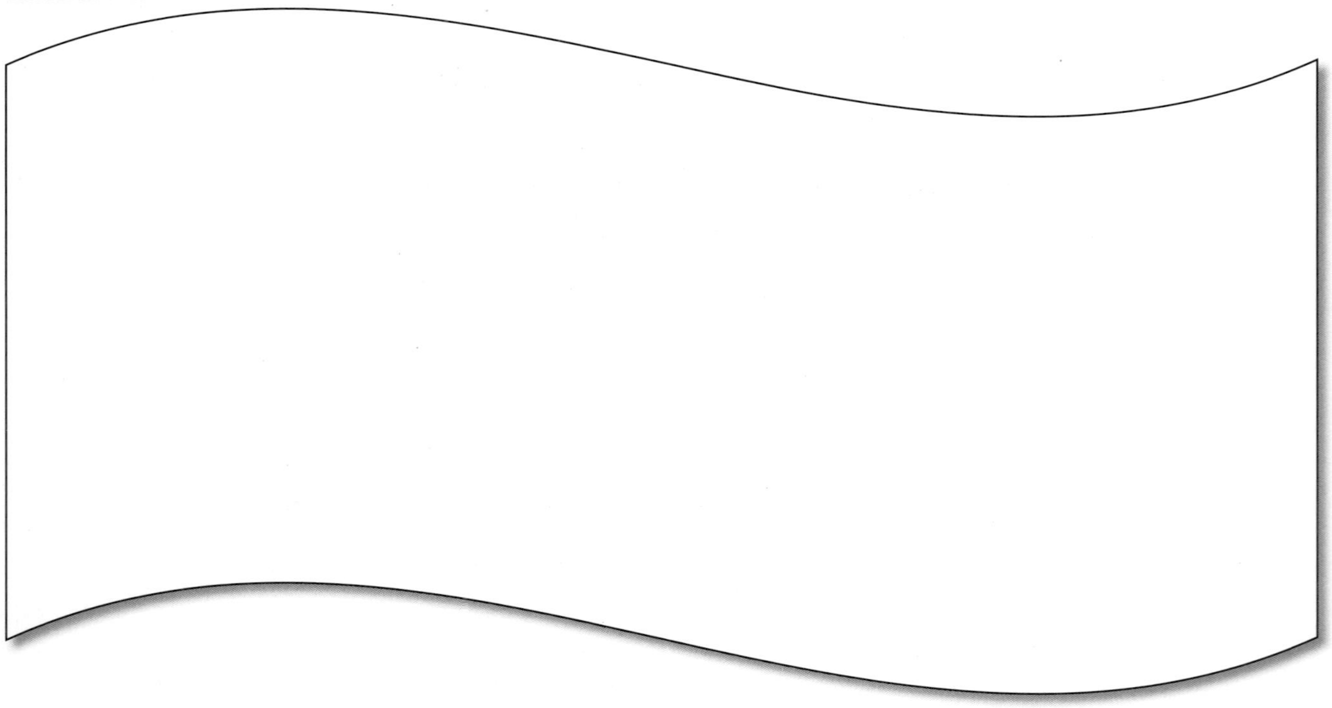

Bürgerinitiativen

Name: ______________________

Datum: ______________________

1. Lies den Text.

Bürgerinitiativen sind Interessenvereinigungen der Bevölkerung. Bei ihnen handelt es sich um Gruppen von Menschen, die sich zusammenschließen und sich meist nur um ein örtliches Problem bzw. Ziel aus ihrem politischen, sozialen oder ökologischen Umfeld konzentrieren. Mit ihrem Protest oder ihrer Demonstration für oder gegen eine Sache rütteln sie die Öffentlichkeit auf und üben gleichzeitig Druck auf staatliche Einrichtungen aus.

a) Wodurch ist eine Bürgerinitiative definiert?

____

b) Welche allgemeinen Ziele werden genannt?

____

____

2. Besuche die Webseiten der folgenden Bürgerinitiativen.
Notiere ihre Ziele bzw. Forderungen auf einem Zusatzblatt.

a) www.pro-ost-b271.de

b) www.rettet-unsere-heide.de

c) http://www.openpetition.de/petition/online/korbacher-erklaerung-der-buergerinitiativen-gegen-fracking-deutschland

Ziele/Forderungen	Deine Meinung dazu

3. Gibt es in deinem Umfeld eine Bürgerinitiative? Wie heißt sie?

____

4. Weshalb hat sie sich gegründet? Benenne ihre wichtigsten Ziele.

____

____

Ehrenämter (1)

Name: ______________________

Datum: ______________________

Ein Ehrenamt ist eine freiwillige Tätigkeit. Sie dient der Gemeinschaft und ist unentgeltlich.

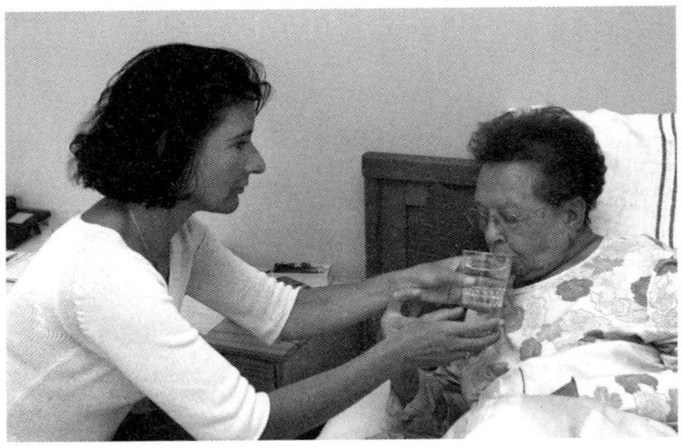

Auch in der Altenpflege kann man sich ehrenamtlich engagieren und den Senioren Zeit und Zuwendung schenken

1. Ehrenamtlich tätige Menschen stellen sich vor:

- „Ich heiße Renate (48) und unterstütze die Mitarbeiterinnen und Mitarbeiter in unserem Seniorenheim. Dadurch kann ich sie entlasten und zeige den alten Menschen, dass sie nicht allein sind."
- „Ich bin Sören (18). Es macht mir Spaß, im Musikverein als Trommler zu spielen. So gestalte ich einen Teil meiner Freizeit."
- „Mein Name ist Doris (36). Ich bin Übungsleiterin bei der Frauengymnastik. Die Arbeit mit erwachsenen Menschen macht Spaß. Ich lerne dadurch auch, Übungsstunden vorzubereiten und zu organisieren."
- Lena (17) erzählt: „Ich bin Jugendtrainerin in der Schwimmabteilung für Kinder und Jugendliche bis 16 Jahren. Für mich ist der Umgang mit Kindern ein tolles Gefühl. Ich trage viel Verantwortung."
- „Ich heiße Dieter und bin 29 Jahre. Ich bin Gruppenleiter bei den Pfadfindern und Mitglied der Freiwilligen Feuerwehr. Mir ist es wichtig, mit anderen die Freizeit zu gestalten und in Notfällen da zu sein. So diene ich der Gemeinschaft."
- „Wir sind Elfriede (62) und Hans (68). Wir arbeiten im Naturschutzbund und treffen dort Gleichgesinnte. Die gemeinsame Arbeit und Verantwortung für die Umwelt hält uns fit. Für die ehrenamtliche Arbeit bekommen wir kein Geld.

2. Welche Motive nennen diese Menschen für ihre ehrenamtliche Tätigkeit?

____

____

____

____

3. Befragt einmal eure Mitschülerinnen und Mitschüler, was sie unter dem Begriff Ehrenamt verstehen.

____

____

____

____

Ehrenämter (2)

Name: ______________________

Datum: ______________________

4. Was ist das Entscheidende bei einem Ehrenamt?

Ein Ehrenamt ist ____.

5. In welchen Bereichen sind die auf Arbeitsblatt 1 genannten Menschen ehrenamtlich tätig? Fülle dazu das Schaubild aus.

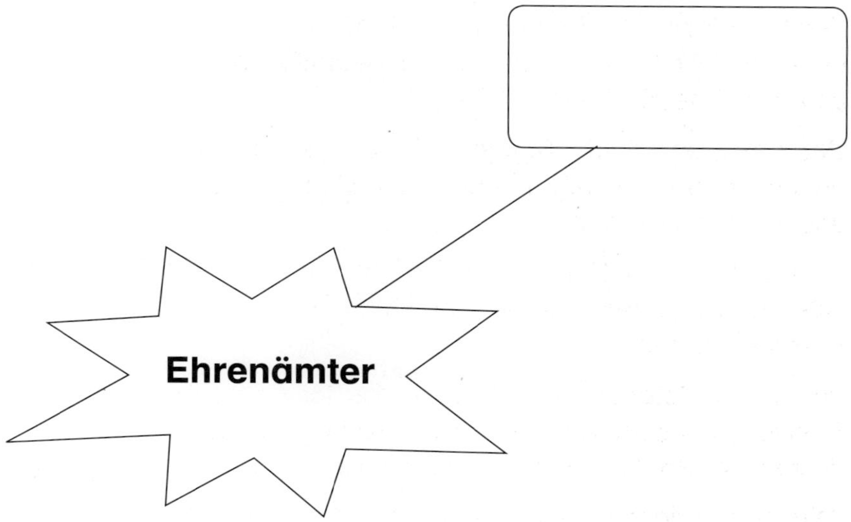

6. Ergänze das Schaubild durch weitere Ehrenämter, die du kennst.

7. Bildet Gruppen und recherchiert, wer in eurem Umfeld ein Ehrenamt ausübt.

a) Entwickelt gemeinsam Fragen für ein Interview.

b) Nehmt Kontakt auf zu dieser Person. Befragt sie.

c) Stellt eure Ergebnisse in der Klasse vor.

Die Bundeswehr – eine Freiwilligenarmee

Name: ______________________

Datum: ______________________

Ein Gespräch unter Freunden

Dirk: Es gibt keine Wehrpflicht mehr. Niemand kann gegen seinen Willen zur Bundeswehr (BW) einberufen werden. Sie ist inzwischen eine Freiwilligenarmee. Ich melde mich freiwillig. Weißt du, nun können sich auch Frauen freiwillig zum Wehrdienst und nicht nur zum Sanitätspersonal melden. Das finde ich gut.

Jochen: Wie lang dauert denn ein solcher Wehrdienst?

Dirk: Fast zwei Jahre. Ich habe erst einmal sechs Monate Probezeit. Innerhalb dieser Zeit kann ich entscheiden, ob ich bleibe oder gehe, mir kann aber auch gekündigt werden. Bis 2011 musste jeder Wehrpflichtige seinen Wehrdienst sechs Monate voll ableisten. Entscheide ich mich nach der Probezeit zu bleiben, dann kann ich insgesamt 23 Monate bleiben.

Jochen: Ich hätte keine Lust, nach Afghanistan zu gehen.

Dirk: Das musst du ja auch gar nicht, wenn du dich nicht für lange Zeit verpflichtest. Die Bundeswehr ist auch für die Sicherheit und den Schutz der Bevölkerung zuständig, sie übernimmt Aufgaben im Katastrophenschutz, hilft bei Evakuierungsmaßnahmen oder unterstützt andere Organisationen bei Rettungsmaßnahmen. Eine wichtige Aufgabe ist die weltweite Friedenssicherung und Unterstützung der Partner Deutschlands. Nicht zuletzt bekämpft die Bundeswehr auch den internationalen Terrorismus. Somit liegen die Einsatzgebiete nicht nur in Deutschland, sondern auch im Ausland. Die Bundeswehr ist zu einer Einsatzarmee mit bewaffneten Auslandseinsätzen geworden.

1. Welche Aufgaben hat die Bundeswehr?

____

____

____

____

2. Worin besteht der Unterschied zwischen ehemaligen Wehrdienst und dem neuen freiwilligen Wehrdienst?

____

____

3. Diskutiert:
Ist es richtig, die Wehrpflicht auszusetzen und die Bundeswehr zu einer Freiwilligenarmee zu machen?
Bildet dafür 2 Gruppen: eine ist dafür, die andere dagegen. Sammelt Argumente für eure jeweilige Position.

Der Bundesfreiwilligendienst

Name: ______________________

Datum: ______________________

Dirk: Und wie ist es bei dir, Jochen? Gehst du auch zur Bundeswehr?

Jochen: Nein, ich werde mich zum Bundesfreiwilligendienst (BFD) melden. Dieser wurde als Ersatz für den Zivildienst eingerichtet. Jeder kann sich melden, unabhängig vom Alter. Es können sich auch Männer und Frauen über 27 Jahre bewerben. Leute im Freiwilligendienst wollen einfach ganz praktisch helfen.

Dirk: Bekommst du Geld dafür?

Jochen: Nein. Der Dienst wird nicht bezahlt. Es kann in Absprache mit der Einsatzstelle ein Taschengeld bis zu 330 € monatlich gezahlt werden.

Dirk: Wie lange dauert ein solcher Dienst?

Jochen: Von sechs bis zu 24 Monaten. Er wird ganztägig und in zusammenhängenden Monaten abgeleistet.

Dirk: Was kannst du dort machen?

Jochen: Ich kann mich für das Allgemeinwohl der Menschen einsetzen. So kann ich zum Beispiel in Einrichtungen der Kinder- und Jugendhilfe arbeiten oder in der Gesundheits- und Altenpflege. Möglich ist auch eine Arbeit im Bereich des Umwelt- und Naturschutzes oder im kulturellen Bereich. Vielleicht werde ich mich aber auch sportlich engagieren oder im Zivil- und Katastrophenschutz. Wahrscheinlich entscheide ich mich für die außerschulische Jugendarbeit, denn ich möchte später einmal Sozialpädagogik studieren. So bekomme ich schon einen guten Einblick in meine zukünftige Tätigkeit.

1. Was erfährt Dirk über den Bundesfreiwilligendienst? Beantwortet dazu folgende Fragen:

a) Warum wurde der Bundesfreiwilligendienst geschaffen?

____

b) Wie lange dauert ein solcher Dienst?

____

c) In welchen Bereichen kann der Bundesfreiwilligendienst abgeleistet werden?

____

____

____

2. Für welchen Bereich hat sich Jochen entschieden?

____

3. Womit begründet er seine Entscheidung?

____

Freiwilliger Dienst – bei der Bundeswehr oder für das Allgemeinwohl?

Name: ______________________________

Datum: ______________________________

Manche jungen Menschen möchten nach der Schulzeit noch nicht sofort in den Beruf einsteigen oder studieren, aber sie wollen auch nicht nur ausspannen.
Für sie stellt sich die Frage: Bundeswehr oder Bundesfreiwilligendienst?
Diese Jugendlichen diskutieren über das Thema.

1. Welche Meinungen, Gründe oder Aussagen könnten vorgebracht werden? Schreibe sie in die Sprech- und Gedankenblasen.

Junger Mann

Junge Frau

Junger Mann

Junge Frau

Junger Mann

Junge Frau

2. Welche Meinung vertrittst du zu diesem Thema? Schreibe sie hier auf.

____

____

____

Jugendschutz

Name: ______________________

Datum: ______________________

Wer? Der Staat übernimmt diese Aufgabe.
Warum? Um Kinder und Jugendliche vor Gefährdungen und Risiken zu schützen
Wo? In der Öffentlichkeit
Wodurch? Vorschriften und Gesetze
Was regeln sie?

- Kein Zugang zu Alkohol und Tabakwaren
- Altersbeschränkungen bei Film- und Spielprogrammen, auf Trägermedien wie Bücher, Schallplatten, Videokassetten, CDs, Blue-ray Discs, Handys oder Spielkonsolen mit festem Speicher
- Aufenthaltsorte beschränkt
- Kein Glücksspiel

1. Besorge dir die Broschüre „Jugendschutz" und das Plakat „Jugendschutz – Wir halten uns daran" unter folgender Adresse:

Publikumsversand der Bundesregierung
Postfach 481009
18132 Rostock
Tel.: 01805778090

oder recherchiere im Internet unter:

http://www.bmfsfj.de/BMFSFJ/kinder-und-jugend,did=5350.html

2. Was steht dort zu den folgenden Begriffen?

a) Kinder und Jugendliche:

____

b) Personenbeauftragte:

____

c) Erziehungsbeauftragte:

____

3. Was darf ich? Fülle die Tabelle aus.

Was (Bereich)?	Alter unter 16 Jahren	Alter ab 16, unter 18 Jahren
Bier, Wein, Spirituosen, Alkopops …		
Tabakwaren		
Filme und Computerspiele		
Aufenthalt in Gaststätten und Diskos		

Jugendschutz – deine Meinung

Name: ______________________

Datum: ______________________

Beantworte die Fragen.

① Theo ist 16 Jahre alt. Er will in Begleitung seiner beiden 16-jährigen Freunde in der Sportgaststätte seines Fußballclubs nach dem Training noch schnell zwei bis drei Bier trinken. Was sagt das Jugendschutzgesetz dazu?

② Monika ist 13 Jahre alt. Ihre alleinerziehende Mutter ist beruflich stark beansprucht. Deshalb beauftragt sie ihre Tochter, für eine Grillfete noch schnell Limonaden und eine Flasche Branntwein zu besorgen. Sie gibt ihr dafür eine Einverständniserklärung mit. Bekommt Monika das Gewünschte? Begründe deine Entscheidung.

③ Karina und Mandy sind beide 17 Jahre alt. Sie möchten am Samstagabend allein in die Diskothek gehen. Wann müssen die beiden Jugendlichen die Diskothek verlassen haben?

④ Claus ist 16 Jahre alt. Er möchte sich unbedingt einen bestimmten Film im Kino anschauen. Auf dem Filmplakat klebt der Hinweis: Frei ab 18. Er geht zur Kinokasse, um sich eine Eintrittskarte zu kaufen. Was sagt das Gesetz dazu?

Wozu ist die Kassiererin verpflichtet?

⑤ Sören ist 11 Jahre. Er sitzt mit seinem Vater in einer Gaststätte. Wie lange darf er bleiben?

⑥ Nadine ist 14 Jahre. Sie sitzt nach der Schule mit ihrer 15-jährigen Freundin in einem Internet-Cafe. Die Freundin wird morgen 16 Jahre. Beide schauen sich einen Film auf einer CD an. Mit welcher Kennzeichnung muss dieser Bildträger versehen sein, damit sie den Film auch anschauen dürfen?

⑦ Jonas ist 18 Jahre alt und kleinwüchsig. Er will sich ein Videospiel kaufen. Der Verkäufer verweigert es aber. Ist der Verkäufer dazu berechtigt? Begründe deine Meinung:

Informationen und Hilfen zur Beantwortung findest du unter:
http://www.jugendschutzaktiv.de/informationen_fuer_eltern_und_erziehende/jugendschutz-rechner/dok/149.php

Schutz der Jugend im Arbeitsverhältnis

Name: ____________________

Datum: ____________________

Neben dem Gesetz zum Schutz der Jugend in der Öffentlichkeit gibt es das Jugendarbeitsschutzgesetz. Es regelt, wann und wo Kinder und Jugendliche arbeiten dürfen. Jede Person unter 15 Jahren ist nach dem Gesetz ein Kind. Jede Person zwischen 15 und 18 Jahren ist dagegen ein Jugendlicher.

Das Jugendarbeitsschutzgesetz besagt: **KINDERARBEIT IST VERBOTEN.**

Ausnahmen gelten für **Kinder ab 13 Jahren**:

- Die Arbeitszeit darf nicht mehr als 2 Stunden am Tag betragen.
- Die Arbeitszeit muss zwischen 08:00 Uhr und 18:00 Uhr liegen.
- Die Schulausbildung darf nicht darunter leiden.
- Keine Arbeit vor oder während der Schulzeit
- Die Erziehungsberechtigten müssen einverstanden sein.

Für **Jugendliche** gilt:

- Mehr als 8 Stunden sind nicht erlaubt.
- 40 Wochenstunden dürfen nicht überschritten werden.
- Die Arbeitszeit muss zwischen 06:00 Uhr und 20:00 Uhr liegen.
- Schüler dürfen in den Ferien nicht länger als 4 Wochen pro Jahr jobben.

Allgemein gilt:

- Zur Arbeitszeit gehören das Vorbereiten des Arbeitsplatzes und sämtliche Aufräumarbeiten.
- Pausenzeiten zählen nicht zur Arbeitszeit.
- Ferienjobs sind für Jugendliche während der Vollzeitschulpflicht an 20 Ferientagen im Jahr erlaubt, allerdings gilt das nicht für die Wochenenden, Samstag und Sonntag sowie an Feiertagen.
- Schwere körperliche oder gefährliche Arbeiten sind nicht erlaubt. Dazu zählen: Tragen, Heben, Ziehen oder Schieben von schweren Gegenständen, der Umgang mit Chemikalien, Arbeiten auf Gerüsten oder mit gefährlichen Arbeitsgeräten wie Kettensäge oder Hobelmaschine und Akkordarbeit.

1. Wer ist Kind nach dem Gesetz? ____________________

2. Wer ist Jugendlicher? ____________________

3. Unterstreiche im Text folgende Angaben:
Arbeitszeiten grün, Arbeitsstunden rot, Arbeitstage in den Ferien gelb.

4. Was schreibt das Jugendarbeitsschutzgesetz über Ruhepausen vor?

a) Bei einer täglichen Arbeitszeit von 4,5–6 Stunden: ____________________

b) Bei einer täglichen Arbeitszeit von mehr als 6 Stunden: ____________________

Informiere dich darüber im Internet unter:
http://www.schulberatung.bayern.de/imperia/md/content/schulberatung/pdfschw/pdfsw09102/merkblatt_jarbschg_10.pdf

Fallbeispiele zum Jugendarbeitsschutz

Name: ______________________

Datum: ______________________

Entscheide und Begründe.

① In 5 Minuten ist deine Arbeitszeit von 8 Stunden abgelaufen. Alle anderen Mitarbeiter haben die Firma schon verlassen. Da kommt der Chef zu dir und hat einen eiligen Arbeitsauftrag für dich. Ein LKW muss dringend abgeladen und bis morgen gereinigt werden.
Was sagt das Jugendarbeitsschutzgesetz dazu?

____

② Ein Jugendlicher (17) hat einen Ferienjob. Er arbeitet in den Sommerferien 3 Wochen in einem Baugeschäft. Er muss von 08:30 Uhr bis 18:00 Uhr arbeiten.
Darf er das laut Jugendarbeitsschutzgesetz?

____

③ Jan (16) hat einen Ferienjob in einer Kfz-Werkstatt angenommen. Kurz vor Feierabend am Freitag kommt der Juniorchef zu ihm und bittet ihn, morgen zur Arbeit zu kommen, um dringende Aufträge zu erledigen. Er weiß, dass Jan in dieser Woche schon seine 40 Arbeitsstunden abgeleistet hat. Er lockt ihn mit einem Extralohn.
Darf der Juniorchef Jan darum bitten?

____

Kann Jan nach dem Jugendarbeitsschutzgesetz den Auftrag annehmen?

____

④ Marietta ist 13 Jahre. Sie trägt jeden Tag in der Woche ab 06:00 Uhr Zeitungen in ihrem Wohnort aus. Dazu benötigt sie nur etwa anderthalb Stunden. Sie sagt sich, dass sie ja zwei Stunden am Tag arbeiten darf.
Hat Marietta mit ihrer Meinung recht?

____

⑤ Anita (17) möchte sich neben der Schulzeit etwas Taschengeld dazuverdienen. Sie bewirbt sich bei einer Tankstelle als Kassiererin. Es wird ihr gesagt, dass sie erst nach 20:00 Uhr mit der Arbeit beginnen könne, vorher würde schon jemand anderes arbeiten. Da sie abends nichts vorhat, sagt Anita zu.
Verstößt Anita mit ihrer Zusage gegen das Jugendarbeitsschutzgesetz? Überlege genau.

____

Kinder und Jugendliche im Geschäftsleben

Name: ______________________

Datum: ______________________

1. Lies den Text.

Wenn Kinder und Jugendliche über Geld verfügen – sei es Taschengeld, ein Geldgeschenk, durch Arbeit verdient oder aus einem anderen Grund – möchten sie es nicht nur sparen, sondern auch ausgeben.
Doch Vorsicht! Es gibt Einschränkungen. Das Bürgerliche Gesetzbuch (BGB) hat dazu klare Aussagen:

Kinder bis zu 7 Jahren und dauernd geisteskranke Menschen sind geschäftsunfähig. Personen zwischen 7 und 18 Jahren sind beschränkt geschäftsfähig. Es gelten aber diese Ausnahmen: bei Geldgeschenken, bei Geldmitteln zur freien Verfügung, bei Überlassung für einen bestimmten Zweck oder bei Zustimmung der Eltern. Volle Geschäftsfähigkeit besitzt jede Person ab 18 Jahren.

2. Trage in das Schaubild die unterschiedlichen Altersstufen zur Geschäftsfähigkeit ein.

3. Beschrifte das Schaubild mit den folgenden Begriffen:
beschränkt geschäftsfähig – voll geschäftsfähig – geschäftsunfähig – Tod – Geburt.

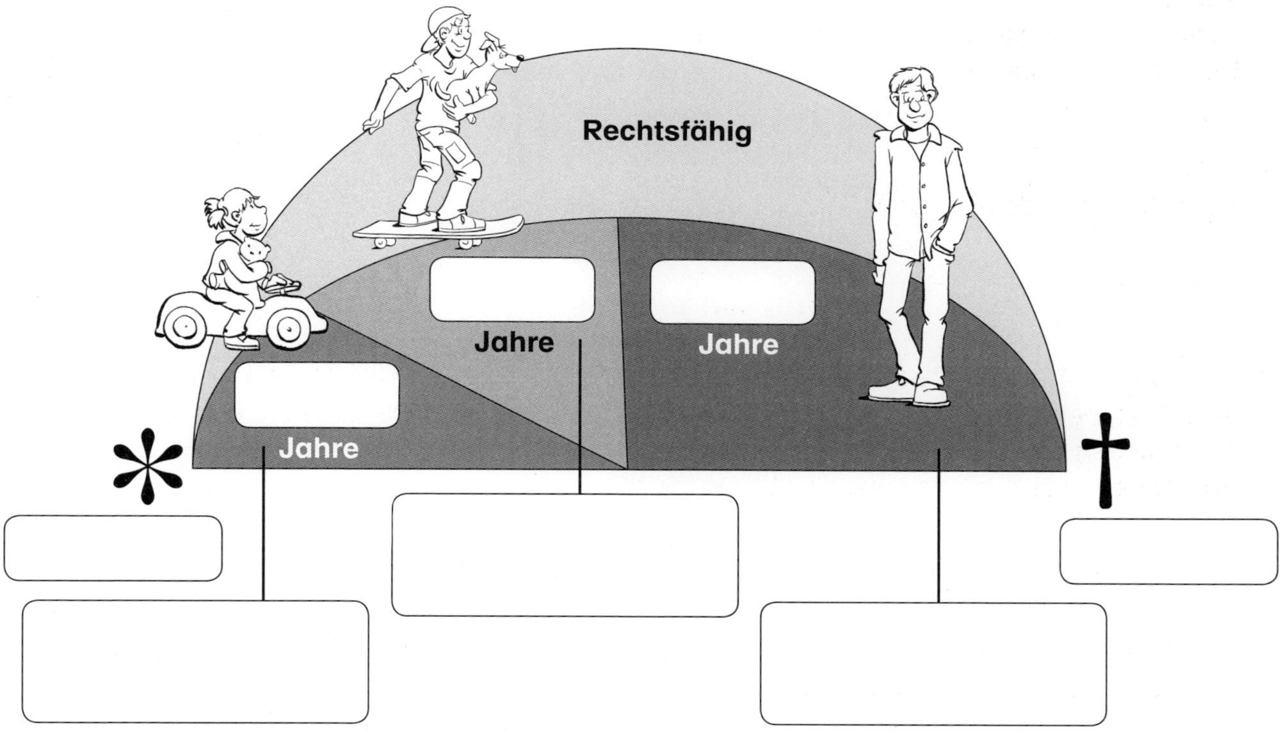

4. Svenja hat von ihrer Großmutter zu ihrem 16. Geburtstag 100 € geschenkt bekommen. Sie soll sich dafür ihre gewünschten High Heels kaufen.
Darf Svenja einen solchen Kauf tätigen? Begründe deine Meinung.

____

____

Deliktfähig oder strafmündig?

Name: ______________________

Datum: ______________________

Als ich mich mit dem Postzusteller unterhielt, hat mein Sohn (6) kleine Steinchen auf fahrende Autos geworfen und einige dabei beschädigt. Ein Fahrer hielt an und will Strafanzeige stellen. Wird mein Sohn jetzt bestraft?

Unsinn! Das ist ein Delikt. Dafür kann man haftbar gemacht werden. Aber dein Sohn ist erst 6 Jahre alt, das zählt als deliktunfähig und er muss den Schaden nicht ersetzen. Die Eltern haften, wenn sie die Aufsichtspflicht verletzt haben.

1. Kläre den Begriff „Delikt“. Schlage dazu im Lexikon nach.

____

____

Es gibt verschiedene Stufen der Deliktfähigkeit. Bis zu 7 Jahren ist jedes Kind deliktunfähig. Die Eltern müssen jedoch für den Schaden aufkommen, wenn sie gegen die Aufsichtspflicht verstoßen haben. Kinder und Jugendliche zwischen 7 und 18 Jahren sind beschränkt deliktfähig. Je nach Alter können diese schon erkennen, was sie falsch gemacht haben und müssen dann für den Schaden selbst aufkommen. Ist jedoch erkennbar, dass sie die Sachlage noch nicht einschätzen können, dann haften wiederum die Eltern, wenn sie die Aufsichtspflicht verletzt haben. Strafrechtlich verfolgt werden kann die Angelegenheit aber erst ab 14 Jahren. Alle Personen über 18 Jahren sind voll deliktfähig. Sie müssen für den Schaden selbst aufkommen.

2. Fülle den nachfolgenden Zahlenstrahl aus.
Setze ein: voll deliktfähig – deliktunfähig – beschränkt deliktfähig.

Altersstufen der Deliktfähigkeit

0 —————— 7 —————— 18 ——————→

3. Welche Unterscheidungen gibt es bei „beschränkt deliktfähig“?

a) ____

b) ____

4. Betrachte den angesprochenen Fall des Vaters mit seinem Sohn.
Schreibe auf, was hier zutrifft. Begründe deine Meinung.

____

____

Strafmündig

Name: ____________________

Datum: ____________________

1. Ergänze den Lückentext.

strafmündig – voll – Ergebnis – Jugendstrafrecht – Kinder – Jugendliche – Personen – gelten – vorliegen – nicht

Theo ist 16 Jahre alt. Ständig ärgert er sich über seinen Nachbarn. Dieser verbietet ihm vor dessen Haus Fußball zu spielen. Eines Tages denkt er sich, dem zahle ich das heim. Er nimmt einen scharfkantigen Gegenstand und zerkratzt damit den Lack des fast neuen Wagens seines Nachbarn. Doch sofort bereut er seine Tat. Er weiß, es ist erheblicher Schaden entstanden. Unglücklicherweise hat der Nachbar dies beobachtet und die Polizei gerufen.
Es gibt verschiedene Stufen der Strafmündigkeit. Das Strafgesetzbuch sagt dazu:

________ unter 14 Jahren sind ________ strafmündig. Sie können deshalb auch nicht bestraft werden. Dagegen sind ________________ zwischen 14 und 18 Jahren beschränkt ________________. Bei ihnen wird geprüft, ob sie aufgrund ihrer Entwicklung und Reife eine begangene Unrechtstat einsehen oder nicht. Das ____________ entscheidet über Jugendstrafrecht ja oder nein. ____________ zwischen 18 und 21 Jahren ________ als Heranwachsende und werden ____________________ als Erwachsene behandelt. Auch hier wird ihr Entwicklungsstand und Reifegrad geprüft. Sollte festgestellt werden, dass Verzögerungen ____________, so werden sie noch nach ________________________ behandelt, anderenfalls nach Erwachsenenstrafrecht. Nach dem 21. ____________ sind diese Personen ______ strafmündig.

2. Fülle den nachfolgenden Zahlenstrahl aus.
Setze ein: Jugendstrafrecht möglich – nicht strafmündig – voll strafmündig – Erwachsenenstrafrecht möglich.

Altersstufen der Strafmündigkeit

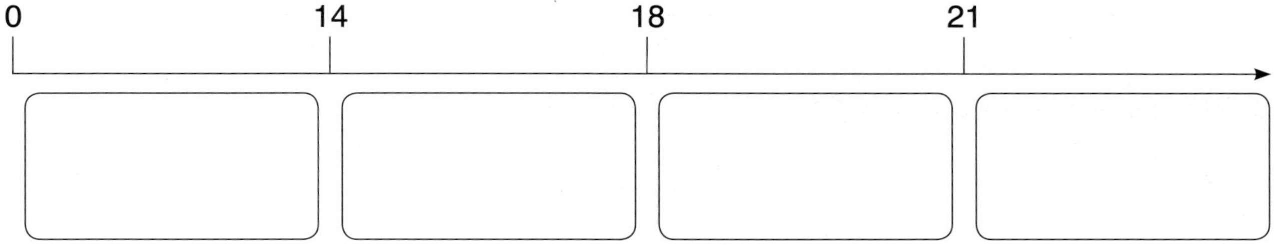

3. Lies noch einmal den Fall mit Theo. Ist Theo strafmündig? Was trifft zu? Begründe deine Meinung.

____

____

Jugendliche Straftäter

Name: ____________________

Datum: ____________________

Ein 17-jähriger Jugendlicher hat einen Jüngeren in einer Fußgängerzone zusammengeschlagen, nur weil dieser ihm das geforderte Handy nicht geben wollte. Passanten hielten den Täter so lange fest, bis die gerufene Polizei eintraf. Wegen ähnlicher Taten ist der Jugendliche der Polizei schon bekannt.

Lies den Text.

a) Fülle danach das Schaubild aus.

b) Ergänze die möglichen strafrechtlichen Maßnahmen.

Der Weg **nach der Straftat**: Die **Polizei ermittelt** in diesem Fall und meldet den Vorfall der Staatsanwaltschaft. Der **Jugendstaatsanwalt entscheidet** über eine Anklage vor dem **Jugendgericht**. Er hätte auch eine **Einstellung des Verfahrens** beantragen können. Mit der Staatsanwaltschaft **wird** auch die **Jugendgerichtshilfe eingeschaltet**. Sie ist bei der Gerichtsverhandlung anwesend und macht bei ihrer Anhörung auch Vorschläge für ein zu erwartendes Urteil. Es kommt zur Verhandlung. Der **Jugendrichter** kann nun verschiedene **strafrechtliche Maßnahmen** verhängen. Dazu zählen:

- Erziehungsmaßregeln: Erziehungsbeistand, Arbeitsleistung, Trainingskurs, Heimunterbringung
- Zuchtmittel: Verwarnung, Auflage, Arrest
- Jugendstrafe: Einweisung in Jugendstrafanstalt

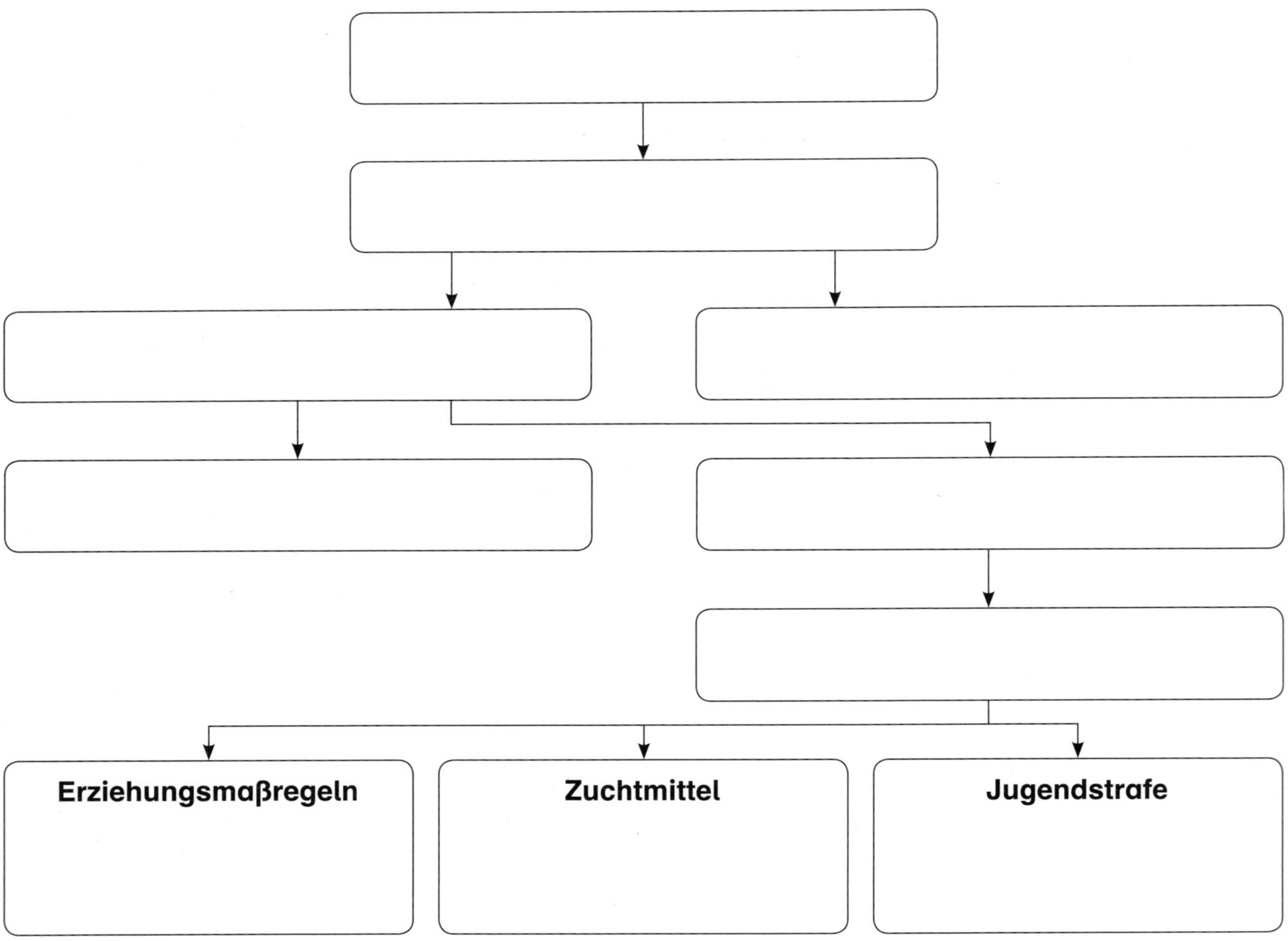

Ergebnissicherung (1)

Name: ______________________

Datum: ______________________

1. Was gehört zusammen? Färbe es in der gleichen Farbe.

Jugendschutz | Jugendarbeitsschutz | Strafmündigkeit

Jugendrichter | Ferienjob | Verwarnung | Arbeitszeit

Alkoholverbot | Alterskennzeichnung | Zuchtmittel

Ruhepausen | Personenbeauftragte | Geldgeschenke

2. Welcher Begriff passt nicht in diese Reihe? Streiche ihn durch.

a) Bücher – Münzen – Schallplatten – Videokassetten

b) Jugendliche – Kinder – Straftäter – Erwachsene

c) geschäftsunfähig – deliktunfähig – voll geschäftsfähig – beschränkt geschäftsfähig

d) Unfallversicherung – Sozialstaat – Wahlen – Mutterschutz

3. Entscheide dich.

	Richtig	Falsch
Bei Landtagswahlen sind Kinder zugelassen.	☐	☐
Im Sozialstaat Bundesrepublik gibt es 7 Pflichtversicherungen.	☐	☐
Die Bundesrepublik Deutschland hat 12 Bundesländer.	☐	☐
Beim passiven Wahlrecht darf ich nicht gewählt werden.	☐	☐
Der Bundesrat vertritt die Länder beim Bund.	☐	☐
Das Gesundheitswesen ist Aufgabe des Bundes.	☐	☐
Das Grundgesetz der Bundesrepublik Deutschland gibt es seit 1949.	☐	☐

Ergebnissicherung (2)

Name: ______________________

Datum: ______________________

Rollenspiel

Situation: Ein 16-jähriges Mädchen möchte mit ihrer ein Jahr älteren Freundin und deren Freund (19) in die Disko gehen, um nach Mitternacht den Geburtstag ihrer Freundin zu feiern. Einige ihrer Klassenkameradinnen sind auch mit dabei. Die Eltern der 16-Jährigen sind an diesem Abend durch eine Feier verhindert.

Mitwirkende: Vater, Mutter, Tochter, Tina

Gespräch im Wohnzimmer

Tochter: Ich möchte am Samstag mit meiner Freundin Elfi in der Disko in ihren Geburtstag hineinfeiern. Erlaubt ihr mir das?
Vater: Kommt gar nicht in Frage!
Mutter: Wer ist denn alles dabei?
Tochter: Fast alle Mädchen aus unserer Klasse und Elfis Freund. Der ist schon 19 Jahre und kann auf uns aufpassen.
Mutter: Das können wir nicht erlauben. Wir kennen ihn doch gar nicht.
Vater: (*macht Vorschlag*) Du darfst bis 24 Uhr bleiben. Dann nimmst du dir ein Taxi und fährst heim.
Tochter: Das ist unfair. So kann ich nicht an der Geburtstagsfeier teilnehmen.
Mutter: Ich habe da eine Idee. Was ist denn mit unserer jungen Nachbarin Tina. Sie geht doch häufiger einmal in die Disko.
Vater: Ja, richtig! Und mit ihren 23 Jahren ist sie erwachsen genug. Außerdem kennen wir sie schon sehr lange und können ihr vertrauen.
Tochter: Das wäre ganz prima! Ich rufe sie schnell an und bitte sie zu uns rüber.

Nächste Szene: *Tina kommt hinzu.*

1. **Spielt die erste Szene durch.**
   Ändert die Texte, wenn euch etwas nicht gefällt oder wenn ihr andere Ideen habt.
2. **Setzt euch in Kleingruppen zusammen. Überlegt euch den Text für die zweite Szene. Schreibt ihn auf. Spielt sie danach vor.**
3. **Wählt eine Beobachtergruppe aus. Gemeinsam mit den Akteuren könnt ihr nach der Spielszene Änderungsvorschläge zum Ablauf besprechen, einarbeiten, aufschreiben und erneut spielen.**
4. **Denkt euch eine weitere Lösungsmöglichkeit zum Vorspielen aus.**
5. **Tauscht bei den Spielvarianten die Rollen.**
6. **Vergleicht eure Lösungsmöglichkeiten/Szenen miteinander.**
7. **Besprecht, welche euch am besten gefallen hat. Begründet eure Entscheidung.**

Ergebnissicherung (3)

Name: ______________________

Datum: ______________________

Kombiniere richtig!
Suche die passende Antwort als Kombination aus Buchstabe und Zahl und schreibe sie hinter die Beschreibung.

a) Diese Staatsgewalt beschließt Gesetze: ______

b) Es steht an der Spitze aller Gerichte: ______

c) Dieses Gericht hat die Abkürzung OLG: ______

d) Sie trägt Verantwortung für die Überwachung der Gesetze: ______

e) So heißt die Verfassung der Bundesrepublik Deutschland: ______

f) Wesentlicher Bestandteil der freiheitlich-demokratischen Grundordnung: ______

g) Ist Überschrift von Artikel 8 Grundgesetz: ______

h) Sie bestimmen größtenteils das politische Geschehen: ______

i) Parteien, die nicht zur Regierung gehören: ______

j) Das haben alle Parteien: ______

k) Setzen Parteien vor Wahlkämpfen öffentlich ein: ______

l) Davon gibt es ein aktives und passives … ______

m) Sie gehören zu den Nichtregierungsorganisationen ______

n) Form einer politischen Aktivität: ______

o) Eine freiwillige unentgeldliche Tätigkeit: ______

p) Schützt Kinder und Jugendliche in der Öffentlichkeit vor Gefährdungen: ______

	A	B	C	D
1	Bundesverfassungsgericht	Programm	Ehrenamt	Oberlandesgericht
2	Grundgesetz	Gesetzgebende Gewalt	Wahlplakate	Parteien
3	Opposition	Demonstration	Rechtsprechende Gewalt	Grundrechte
4	Jugendschutz	Versammlungsfreiheit	Bürgerinitiativen	Wahlrecht

Sozialstaat Bundesrepublik

Name: ______________________

Datum: ______________________

In der Verfassung der Bundesrepublik Deutschland ist der Artikel 20 GG als Grundlage für das Sozialstaatsprinzip festgelegt.

1. Schlage im Grundgesetz nach. Setze die fehlenden Begriffe ein.

Artikel 20, Abs.1 Grundgesetz:

Die Bundesrepublik Deutschland ist ein ______________________

und ______________________ Bundesstaat.

Die Bundesrepublik Deutschland ist ein Sozialstaat, der Menschen in Notsituationen durch sozialpolitische Maßnahmen hilft. Diese sollen ihnen ein Leben ermöglichen, das der Würde des Menschen entspricht. Der Sozialstaat ergreift aber auch vorbeugend Maßnahmen, um diese Notsituationen gar nicht erst entstehen zu lassen. Der soziale Auftrag des Staates ist in den Grundrechten verankert.

2. Welche Grundrechte befassen sich mit einem sozialen Auftrag?
Sieh dir dazu das Grundgesetz an. Notiere die Artikel und Absätze.

____

____

Die Sozialpolitik des Staates greift in die verschiedenen Lebensbereiche der Bürger ein und umfasst dabei unterschiedliche Politikfelder. Dazu zählen z. B. Bildungspolitik, Steuerpolitik, Wohnungsbaupolitik, Arbeitsmarktpolitik und Familienpolitik. Dabei liegen die Gestaltungsmöglichkeiten in den folgenden Bereichen: Chancengleichheit und Ausbildungsförderung, Steuerermäßigung für Geringverdiener oder Steuerbefreiung, Verbesserung der Lebensbedingungen durch Kinder- und Elterngeld, Kinderfreibeträge usw. Andere Möglichkeiten sind z. B. Arbeitsbeschaffungsmaßnahmen, Kurzarbeitergeld, Fortbildung und Umschulung von Arbeitslosen, Streikrecht, sozialer Wohnungsbau, Mietrecht.

3. Ordne die Gestaltungsmöglichkeiten den Politikfeldern zu.

Maßnahmen	Gestaltungsmöglichkeiten
Arbeitsmarktpolitik	
Bildungspolitik	
Familienpolitik	
Wohnungsbaupolitik	
Steuerpolitik	

Sozialversicherungen

Name: ______________________

Datum: ______________________

Vater und Sohn unterhalten sich.

Sohn: Ich lebe in einem Sozialstaat.Woher weiß ich das?
Vater: Es steht im Grundgesetz!
Sohn: Was kennzeichnet einen Sozialstaat?
Vater: Es gibt viele Merkmale. Hier lies das einmal! (*Er reicht dem Sohn ein Blatt Papier.*)

> Ein wichtiger Teil des Sozialstaates sind die Sozialversicherungen. Träger sind fünf Pflichtversicherungen. Sie sichern die Menschen gegen viele Lebens- risiken ab. Es wird deshalb auch von einem sozialen Netz gesprochen, weil dieses Netz einen wertvollen Schutz vor persönlichen Notlagen darstellt.
>
> Die fünf Pflichtversicherungen sind: Kranken-, Unfall-, Renten-, Arbeitslosen- und Pflegeversicherung.

Sohn: Das habe ich jetzt verstanden. Die Sozialversicherungen bilden bei uns die Grundlage, die Pflichtversicherungen stehen darauf – alles unter dem Dach des Sozialstaates.

Fülle das Schaubild aus. Trage die Pflichtversicherungen ein.

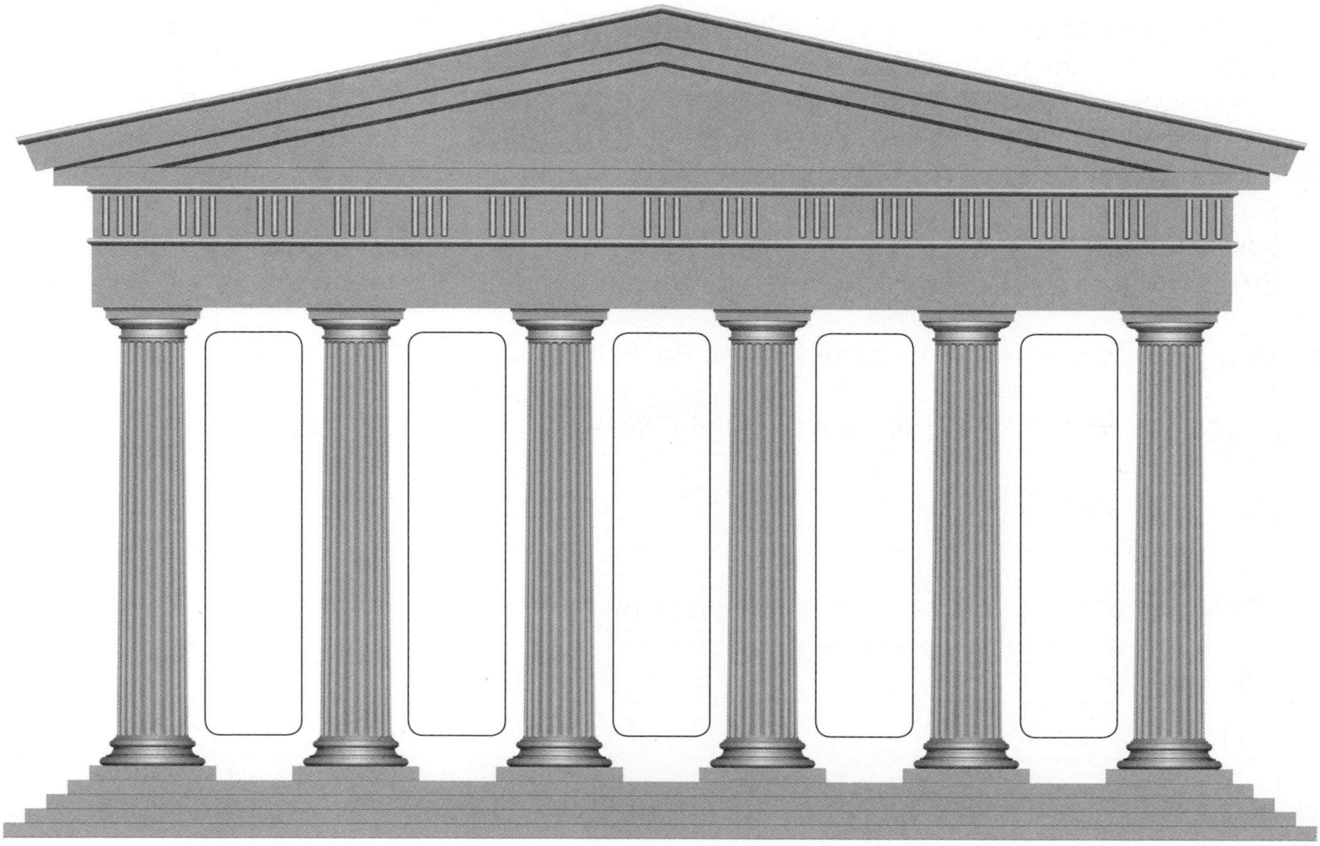

Andere soziale Absicherungen

Name: ______________________________

Datum: ______________________________

Der Sozialstaat gewährt seinen Bürgerinnen und Bürgern in vielen Fällen Unterstützung. So gibt es neben den fünf Pflichtversicherungen noch weitere Möglichkeiten einer sozialen Absicherung.

Das Mutterschutzgesetz stellt werdende und stillende Mütter unter den besonderen Schutz der Gesellschaft. So soll die Mutter am Arbeitsplatz vor Gefährdung, Überforderung und Gesundheitsschädigung geschützt werden. Zusätzlich wird ein Mutterschutzgeld gezahlt, um finanzielle Nachteile auszugleichen.

1. Welcher Artikel im Grundgesetz beinhaltet den Schutz und die Fürsorge der Gemeinschaft für Mütter?
Ist es Artikel 1, Artikel 3, Artikel 6 oder Artikel 11? Es ist Artikel: ______________

2. Lies den Text. Fülle anschließend die Tabelle aus.

Es gibt eine Vielzahl weiterer Leistungen vom Staat, die unter bestimmten Bedingungen und Voraussetzungen gezahlt werden:
Wer zum Beispiel seine Miete nicht allein bezahlen kann, weil er nicht genug verdient, kann Wohngeld beantragen. Elterngeld bekommen alle frischgebackenen Eltern, die nach der Geburt eines Kindes eine Babypause einlegen. Zusätzlich erhalten alle Eltern Kindergeld, das längstens bis zum vollendeten 25. Lebensjahr gezahlt wird, wenn das Kind nach dem 18. Geburtstag eine Ausbildung oder ein Studium aufgenommen hat. Ausbildungsförderung erhalten Schüler und Studierende aus einkommensschwachen Familien. Damit sollen sie während ihrer Ausbildungszeit finanziell unterstützt werden. Bei allen Leistungen müssen bestimmte Voraussetzungen erfüllt sein und entsprechende Anträge gestellt werden.

Arten sozialer Absicherungen		Inhalt in Stichworten
a)		
b)		
c)		
d)		
e)		

3. Informiere dich, welche weiteren Hilfs- bzw. Unterstützungsangebote es vom Staat gibt. Informiere als Experte deine Mitschüler.

Tipp: http://www.bmfsfj.de/BMFSFJ/Familie/leistungen-und-foerderung.html

Private Absicherungen

Name: ______________________

Datum: ______________________

Der Staat kann nicht in allen Bereichen für seine Bürgerinnen und Bürger sorgen. Es besteht die Möglichkeit, sich zusätzlich privat abzusichern. Die Versicherungen dienen dem eigenen Schutz; sie sind freiwillig oder verpflichtend:

- Privathaftpflichtversicherung
- Risikolebensversicherung
- KFZ-Versicherung
- Tierhalterhaftpflichtversicherung
- Rechtsschutzversicherung
- Berufsunfähigkeitsversicherung
- Reisegepäckversicherung
- Private Altersvorsorge
- Hausratversicherung
- Wohngebäudeversicherung

1. Welche Versicherung wird hier beschrieben?

a) Sie ist eine finanzielle Absicherung im Alter. ______________________

b) Sie schützt vor Streitigkeiten. ______________________

c) Ohne sie darf kein Fahrzeug am öffentlichen Straßenverkehr teilnehmen. ______________________

d) Sie muss zahlen, wenn ich meinen Beruf durch Unfall oder Krankheit nicht mehr ausüben kann. ______________________

e) Sie übernimmt Personen- oder Sachschäden, die ich verursacht habe. ______________________

f) Sie ersetzt Schäden an meiner Wohnungseinrichtung, z. B. durch Einbruch oder Leitungswasser. ______________________

g) Sie ersetzt das Reisegepäck bei Verlust. ______________________

h) Sie zahlt bei Personen- oder Sachschäden durch z. B. Hunde oder Pferde. ______________________

i) Sie sichert im Todesfall den Partner oder die Familie ab. ______________________

j) Sie versichert das Gebäude bei Schäden oder Zerstörungen z. B. durch Unwetter. ______________________

2. Recherchiere: Gibt es weitere Versicherungen? Berichte darüber.

3. Diskutiert in der Gruppe darüber, welche Versicherungen ihr für wichtig haltet. Begründet eure Meinung.

Info

Welche Versicherung ist wichtig?

http://www.verbraucherportal-bw.de/servlet/PB/menu/1330688_l1/index.html
http://www.br.de/radio/bayern2/sendungen/notizbuch/nah-dran/versicherungen-versicherung-versicherungsbedarf100.html
http://www.swr.de/buffet/hallo-buffet/-/id=257304/nid=257304/did=11150556/lfw3f4/index.html
http://www.vzhh.de/versicherungen/30513/so-versichern-sie-sich-richtig.aspx

Ergebnissicherung

Name: ______________________

Datum: ______________________

1. Welche Versicherung ist zuständig?

Fallbeispiele	zuständige Versicherung
Der Zimmermann K. fällt bei Sanierungsarbeiten vom Gerüst.	
Ein Dachdeckerbetrieb muss Personal entlassen. Davon ist P. betroffen.	
G. ist 89 Jahre alt. Sie kann sich jetzt nicht mehr selbst helfen. Sie muss gepflegt werden.	
Der 24-jährige St. hat auf einer Party durch eine brennende Kerze einen hohen Sachschaden verursacht.	

2. Streiche die Versicherungen durch, die nicht zu den Pflichtversicherungen zählen.

Reiseversicherung – Pflegeversicherung – Rentenversicherung – Hausratversicherung –

Krankenversicherung – Unfallversicherung – Gebäudeversicherung – Lebensversicherung

3. Hier haben sich Begriffe aus dem Bereich „Sozialstaat“ versteckt. Markiere sie.

Bundespräsident – Rentenversicherung – Fürsorgepflicht – Schulsprecher – Wahlen –

Mutterschutz – Bürgermeister – Arbeitslosigkeit – Versorgungsleistungen – Ehrenamt

4. Prüfe die folgenden Aussagen auf ihre Richtigkeit.

	Richtig	Falsch
Im Grundgesetz Art. 1 steht: Die Bundesrepublik ist ein demokratischer und sozialer Bundesstaat.	☐	☐
Das soziale System der Bundesrepublik besteht aus vier Kernbereichen.	☐	☐
Neben den fünf Sozialversicherungen gibt es keine weiteren Möglichkeiten einer sozialen Absicherung.	☐	☐
Elterngeld und Kindergeld zählen zu den staatlichen Versorgungsleistungen.	☐	☐
Lebensversicherung, Haftpflichtversicherung und Hausratversicherung zählen zu den privaten Absicherungen.	☐	☐

Quellenverzeichnis

Bildquellen

S. 10 Zeitungen © lucastor – Fotolia.com
Flatscreen-TV © andilevkin – Fotolia.com
Computer © Okea – Fotolia.com
Radio © Benjamin Heinecke, Wikimedia Commons. This file is licensed under the Creative Commons Attribution-Share Alike 2.5 Generic license. http://commons.wikimedia.org/wiki/File:Braun_T1000CD.jpg
Infostand © Louis-F. Stahl, Wikimedia Commons. Diese Datei ist unter der Creative Commons-Lizenz Namensnennung-Weitergabe unter gleichen Bedingungen 3.0 Deutschland lizenziert. http://commons.wikimedia.org/wiki/File:Shl_infostand.JPG?uselang=de
S. 18 Schüler © Monkey Business – Fotolia.com
Kinderarbeit © Digitalpress – Fotolia.com
Ärztin © Andres Rodriguez – Fotolia.com
S. 20 Albert König, Stiftung Albert-König-Museum
S. 21 Broschüre Hermannsburg, Gemeinde Hermannsburg
S. 27 Skateboard © Serggod – Fotolia.com
S.28 Muster Personalausweis und Reisepass, gemeinfrei. http://commons.wikimedia.org/wiki/File:Muster_des_Personalausweises_VS.jpg
http://commons.wikimedia.org/wiki/File:Mustermann_Reisepass_2007.jpg
S. 34 Länderwappen Bundesrepublik Deutschland, gemeinfrei
S. 45 Deutschland © Martin Schumann – Fotolia.com
S. 46 Grundgesetz, gemeinfrei. http://commons.wikimedia.org/wiki/File:Grundgesetz_1949.jpg
S. 52 Wappen, gemeinfrei
Polizist © Ewald Fröch – fotolia.com
Justitia: gemeinfrei. http://commons.wikimedia.org/wiki/File:Iustitia.svg?uselang=de
S. 53 Justitia, Maarten van Heemskerk, (1498–1574), gemeinfrei. http://commons.wikimedia.org/wiki/File:Iustitia_van_Heemskerck.png
S. 59 Wahlen/Übersicht © Horst Frank, Wikimedia Commons. This file is licensed under the Creative Commons Attribution-Share Alike 3.0 Unported license. http://commons.wikimedia.org/wiki/File:Pers.Ver.Wahl.v4.png
S. 66 Altenpflege © Gina Sanders – Fotolia.com

Inhalt CD

Internetlinks
Lösungen
Ergebnissicherung / Lernzielkontrollen
Ergänzungsmaterial
Vorlagen